ど素人サラリーマンから 月10万円を稼ぐ! 株の授業

超シンプル&
ローリスクな
1日5分の
チャート
チェック

冨田晃右 Kousuke Tomita

ぱる出版

はじめに……継続的・安定的に死ぬまでずうっと月10万円を稼いでいく

本書は、「株の知識のない人から、副業で月収10万円を稼げる人になる」ための本です。

私の使っている手法は、株価チャートを見て株式相場を判断する「テクニカル分析」と呼ばれるものです。このテクニカル分析は、個人トレーダーが副業で稼ぐときに最適の手法だと思っています。

「分析か〜。難しそうだなあ」と思った、あなた。そんなことはありません。私のテクニカル分析は習熟すれば、1日5分からできます。難しい計算をするわけでもなく、株価チャートから「上がりやすいポイント」を見つけ、そのポイントを組み合わせるだけなので、やる気さえあれば小学生でもできるようになるでしょう。

ただ、この本を読みはじめる前に、ぜひ知っておいてほしいことがあります。それは「株で楽して簡単に儲かる方法はない」ということです。

たしかに巷《ちまた》には、「知識や経験がない素人でも、ノウハウを学んだだけで大儲けできる」とうたう本があふれています。それらの本のすべてがウソだというわけではありませんが、その著者が大儲けできたのは「運よくたまたま儲かっただけの話だった」ということもよくあるのです。

その著者が儲かったことは事実なので、その体験談を本にするのは悪いとは思いません。でも、その著者の真似をすればあなたも同じように儲けられるかと言えば、それは難しいといわざるをえません。幸運によって一時的に偶然得られたような儲けのノウハウには、再現性がないからです。

あなたが求めているのは、そんな気休めのノウハウではないはずです。一時的に儲かるだけではなく、来月も再来月も、1年後、5年後も、そして10年後、20年後、30年後もずっと死ぬまで「稼ぐことができる」そんな方法が知りたいですよね。

私はスクールで教えるときにも、この再現性に徹底的にこだわっています。

ですので、この株はこういう理由で値上がりした、あるいは値下がりしたというのを、生徒さんにしっかりと説明できます。再現性がないとこれらを説明できません。

私は、「株は、儲けるものではなく稼ぐものだ」と思っています。「儲ける」には、「一時的に偶然、利益が転がり込んでくる」というニュアンスがあります。一方、

「稼ぐ」には「現在も将来も、継続して利益を得る」というニュアンスが含まれています。「儲ける」と「稼ぐ」この二つの言葉は似ているようで大きく異なるのです。

あなたが身に付けなければならないのは一過性のものではなく、一度学べばずっと使える知識です。本を読んでいる今だけわかった気になるのではなく、読み終わった後もその先も、ずっと「稼ぎ」続けてほしい。それが私の願いです。そのために必要な知識を、これから真面目に勉強してみましょう。

冨田晃右

contents

第1章 これだけ！ チャートの基礎知識

第2章

これだけ！ 9の買いパターンと〝ダマシ〟チャート

contents

第3章 複数の指標でオリジナルのゴールデン・パターンをつくる

第4章

株で死ぬまで継続的に稼ぐために

contents

第5章

株で稼ぐ人、損する人はどっち？

第1章

これだけ！
チャートの基礎知識

トレードで個人が稼げるようになる第一歩は、チャートを分析できるようになることです。特に難しいことではないのですが、ある程度の基礎知識が無ければ、分析がスムーズに進みません。チャート分析で使う基礎用語とトレード全体の流れを中心に、簡単にチェックしておきましょう。

Ⅰ チャート分析の基礎用語

ろうそく足

チャート分析、基本のキ

株価の値動きをあらわすチャートには、白や黒の箱状の棒のようなものがたくさん並んでいます。これを「ろうそく足」と呼び、チャート分析でもっとも大切な要素のひとつです。

ろうそく足は、ある一定期間の始値《はじめね》、高値《たかね》、安値《やすね》、終値《おわりね》という4つの価格をもとにつくられています。一定期間とは1日間のこともありますし、1週間、1か月間のこともあります。その期間の中で最初と最後の価格、そして最高と最低の価格をあらわすのが、これらの4つだということです。

始値よりも終値が高い場合は白いろうそく足、低い場合は黒いろうそく足になります。前者を陽線《ようせん》、後者を陰線《いんせん》と呼んで区別します。最高と最低の価格は、ろうそく足から生えている「ヒゲ」にあらわれ、上ヒゲの先端が最高、下ヒゲの先端が最低の価格になります。

始値と終値の価格が同じ場合は、ろうそくの箱状の部分をつくることができません。この場合は「寄り引き同時線」と言って、横棒の直線になります。その上下に高値、安値をあらわすヒゲが生えれば、十字の形になります。取引が始まり、最初に値がつくことを「寄る」といい、取引が終了することを「引ける」といいます。次ページにまとめましたので、まずはそちらをご覧ください。

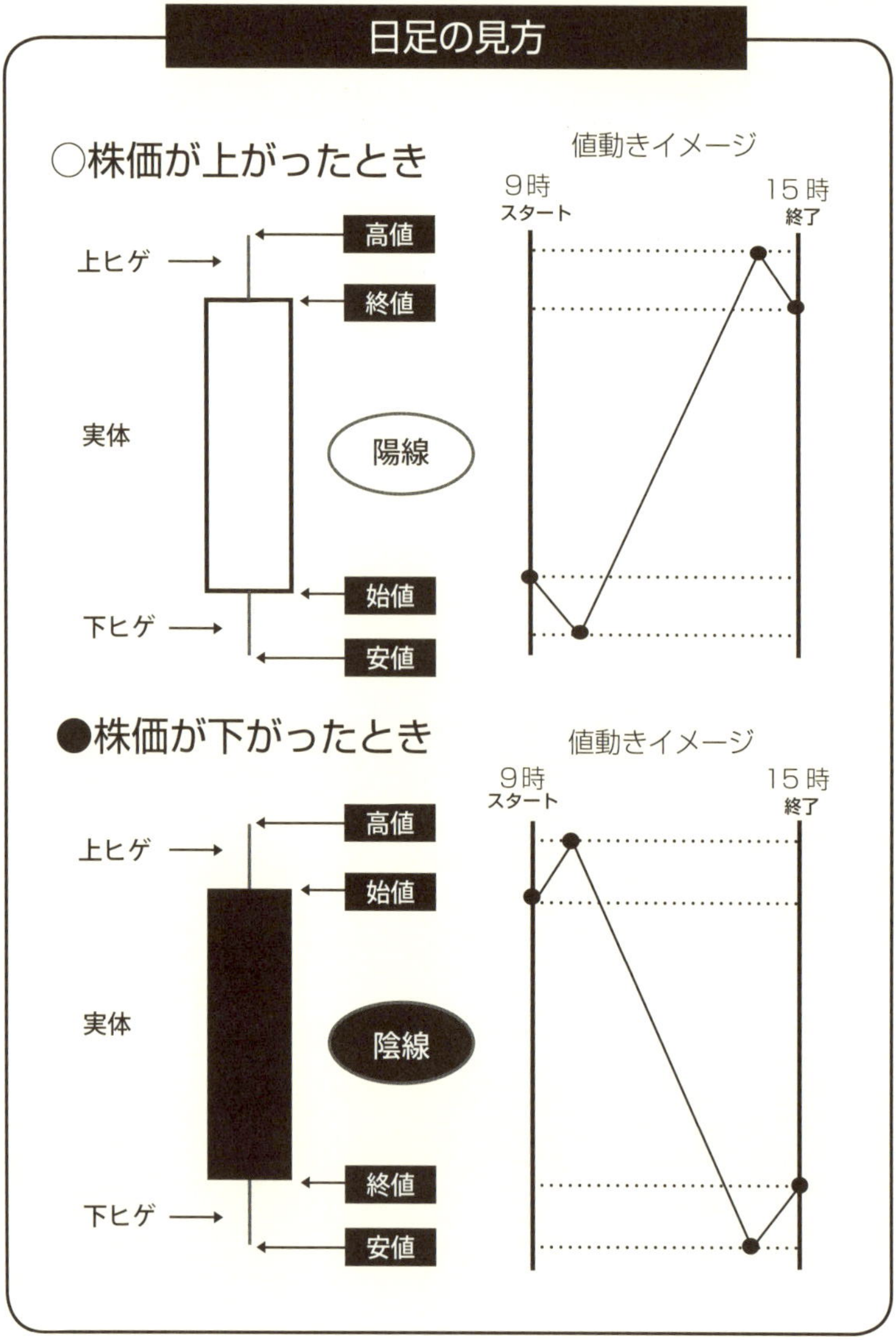
日足の見方
○株価が上がったとき
値動きイメージ
9時
スタート
15時
終了
上ヒゲ
高値
終値
実体
陽線
始値
下ヒゲ
安値
●株価が下がったとき
値動きイメージ
9時
スタート
15時
終了
上ヒゲ
高値
始値
実体
陰線
終値
下ヒゲ
安値

寄り引き同時線

※「寄り引き同時」とは「始値と終値が同じだった」という意味

〝メッセージ〟を正確に読み解く

ろうそく足には、チャート分析に役立つ情報がつまっています。たとえば日中の動きを表す日足の陽線は取引がはじまった当初より終了時には値上がりしたということですから、この銘柄は本日は上がり調子だったと考えられます。

また、日足の陰線は取引がはじまった当初より終了時には値下がりしたということですから、この銘柄は本日は下がり調子だったと考えられます。こうしたろうそく足の〝メッセージ〟を正確に読み解くことが、チャート分析の基礎になります。

移動平均線

長期的な視野を持つときの必須ツール

トレードは数日間、数週間という短期中期だけではなく、数ヶ月間、数年間、場合によっては数十年間という長期的な目線で見ることも大切です。そのために必要になるのが「移動平均線」です。これは一定期間の終値を合計し、その一定期間で割った数値（移動平均値）をつなげて線にしたもので、その銘柄の一定期間の方向性や動きをあらわします。

株価の動きの特徴として、一度上がりはじめればしばらく上がり続け（上昇

●1-1（3186 ネクステージ・日足・2016.8～2017.2）

トレンド）、下がりはじめればしばらく下がり続ける（下降トレンド）というものがあります。ですので、短期的に見たときには、株価の方向性がないように見えたとしても、中長期的に見ると一定の方向性が出てきます。これが分かれば将来の値動きをある程度予測できるので、「買い／売り」のタイミングがつかみやすくなりますね。

日足の移動平均線の期間は、25日と75日の2つを使います（1-1）。これによって、自然と小さな流れと大きな流れの両方でチャート分析ができるようになります。

順張り・逆張り

そのメリット・デメリット

チャート分析をして、買う際の考え方として「順張り」と「逆張り」の2つがあります。

順張りは、すでに上がっている銘柄の勢いに乗る形で買うこと（2-1）や今から動き出すときに買うことです。一方の逆張りは、下がり続けている株価を見て転換点を予測し、買いを決める方法です（2-2）。

●2 - 1 (5358 イソライト工業・日足・2016.2～2017.3)

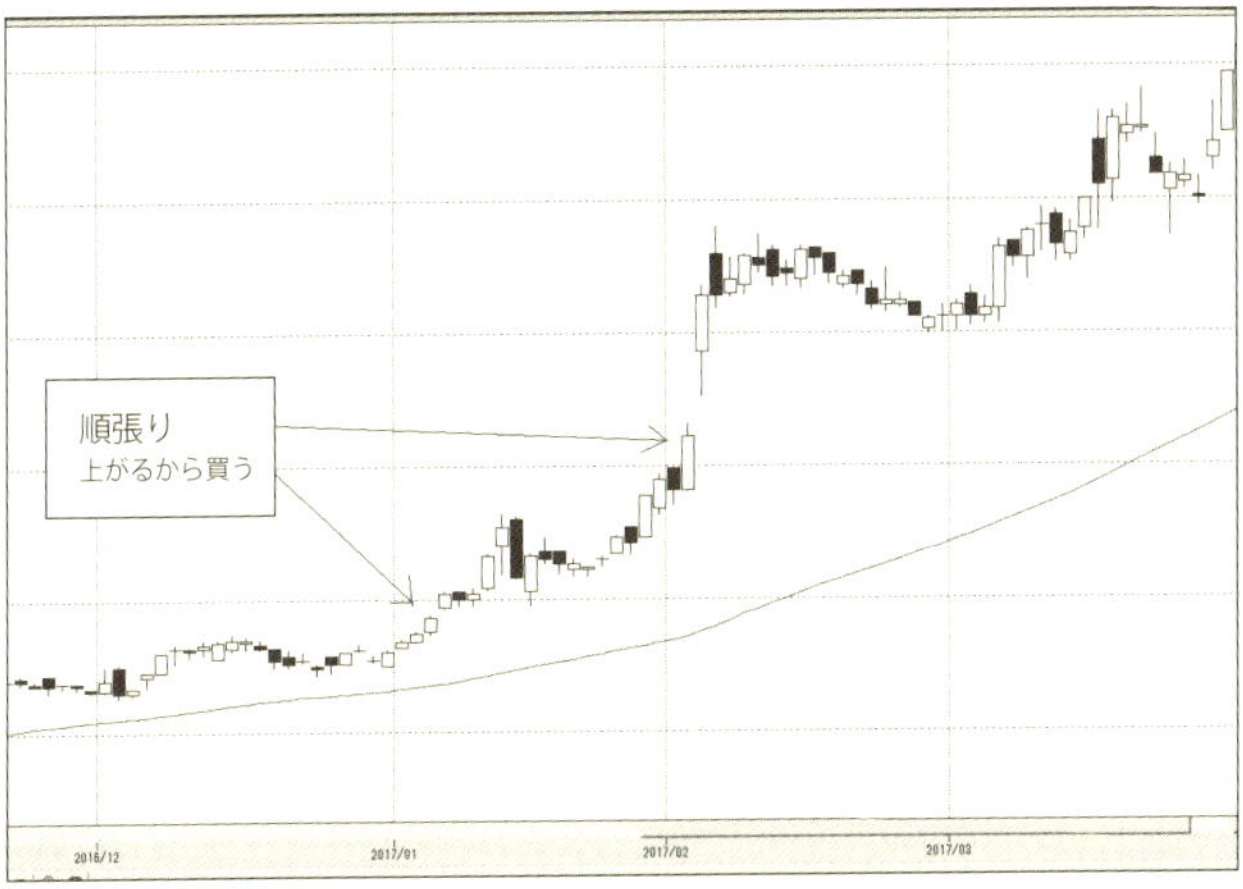

●2 - 2 (3288 オープンハウス・日足・2016.8～2016.11)

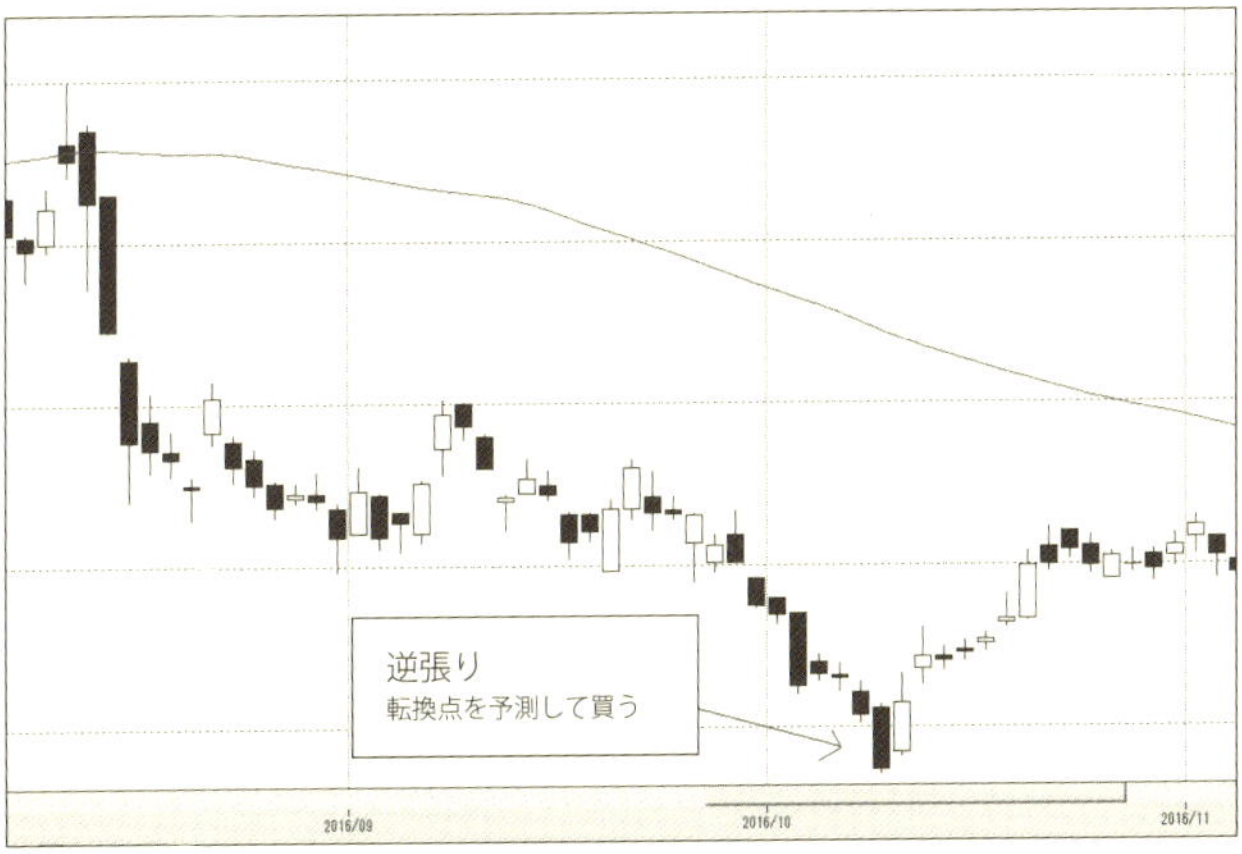

逆張りはうまくいけば安く買えるので良いのですが、その後どのくらい上昇トレンドが続くのか、という判断が難しいです。順張りはすでに見えている動きに乗るので、安くは買えないのですが、その後のトレンドは読みやすいです。

しかし、いわばトレンドの後のりなので、逆張りに比べて利益が少なくなるというデメリットもあります。このように順張り・逆張りにはメリット・デメリットがあるので、その特徴をつかんだうえで、トレードをする必要があります。

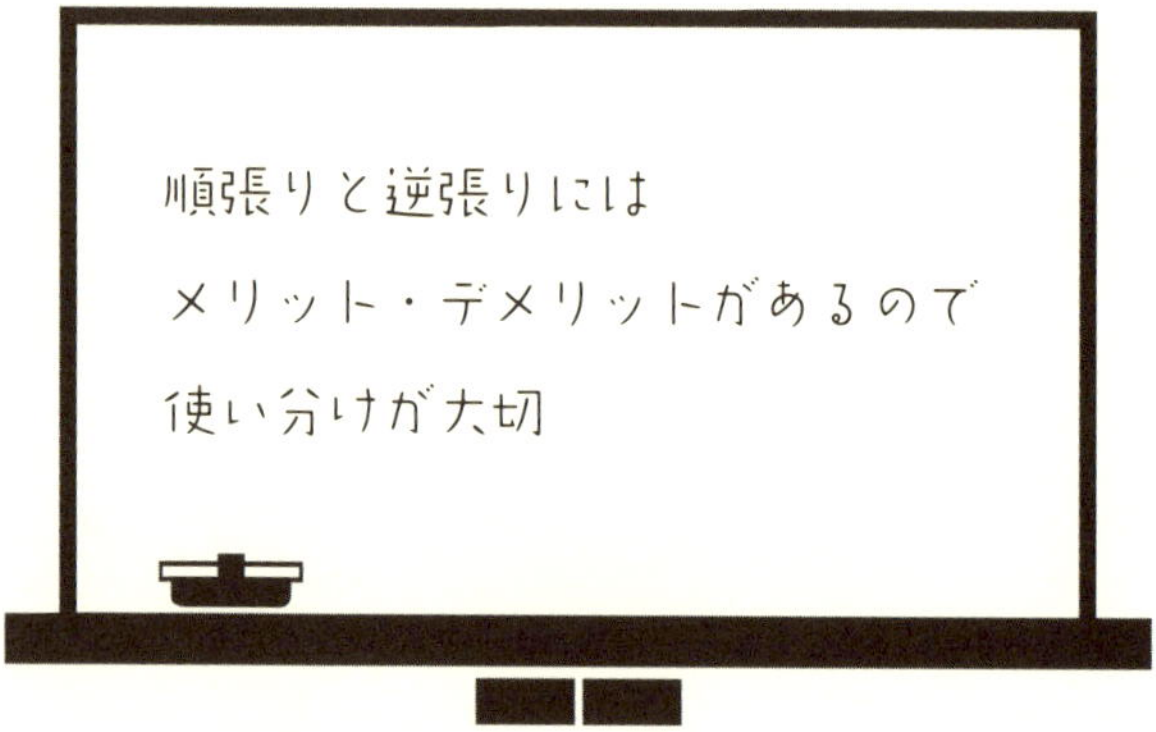

Ⅱ トレードの準備と流れ

口座は必ず「逆指値《ぎゃくさしね》注文」ができるもの！

必ずネット証券で！

ここでは、これからトレードをはじめるという人に向けて、そのステップをご紹介しましょう。事前準備としては、トレードをする証券会社の口座を開設する必要があります。基本的にはインターネットで売買できるところならどこでもいいのですが、必ず「逆指値注文ができるかどうか」を確認しておきましょう。

株を売買する方法に、売買する価格をあらかじめ指定しておく「指値注文」というものがあります。この注文は「〇円以上であれば売り」「〇円以下であれば買い」という基準を設定するので、その条件に当てはまらない場合は売買することができません。

逆指値注文は指値注文の逆で「〇円以下になったら売り」「〇円以上になったら買い」と設定する方法です。これが使えれば、日中に急落・暴落しても「株価があるラインを下回れば、自動的に売る」という設定が前もってできるので、損失をふくらませなくてすみます。逆に、この注文が使えないと大損する確率が非常に高くなります。取引時間中、細かく株価をチェックできない副業トレーダーには生命線ともいえる注文法ですので、口座開設時には、「逆指値注文が備わっているか」を忘れずにチェックしてくださいね。

トレードをするときの諸経費

チャートソフトは有料のものを使う

トレードをするにはその分のお金がかかるのは当然ですが、実はそれ以外にもさまざまな経費がかかってきます。まず代表的なのは、証券会社に支払う手数料です。たとえば、1回あたりの売買金額を100万円程度とすると、インターネット証券なら手数料は数百円から数千円程度のことが多いです。手数料自体は安いですが、トレード回数が多くなる人は、回数を重ねれば金額がかさんでくることになりますので注意しましょう。

また、下げの局面で空売りするときなどは、信用取引にともなう費用が発生します。トレードの利益は、これらの諸経費を差し引いた金額になります。そのほか、チャートをみるためには専用のソフトが必要です。無料で見られるものもありますが、私は松井証券の口座から申し込むことができる「ネットストックトレーダー」を使っていますので、基本的にはこれをお勧めします。ネットストックトレーダー以外でももちろんいいのですが、必ず有料のソフトにしてください。というのは有料のものは無料のものに比べて基本的にとても見やすく、細かいチャート分析ができるからです。

ネットストックトレーダーの利用料は税抜きでひと月1800円。1年使うと2万円近くになりますので、少し高額に感じるかもしれませんが、今後トレードをして数十万円、数百万円を稼ぎ出すための道具への投資です。チャートソフトの利用料はケチらないようにしてください。

資金・利益確定・損切りの目安

1回あたりのトレード資金

1回当たりのトレード資金は、決してその時の気分や勢いで決めてはいけません。目安としては、次の公式に当てはめて計算してみるのがお勧めです。

> 1回当たりのトレード資金＝あなたがロスカットしていいと思う金額÷0・03（ロスカットした時の損失率）

ロスカットとは、損切りとも言い、損失が発生したときにこれ以上損をふくらませないため、自分の意思で損を確定することです。損は誰でもしたくないものですが、ロスカットをしないと損失がどんどん膨らんでしまうことがありますので、必ず行ってください。

「このくらいなら損してもいいかな」というロスカットしても苦にならない金額は、そのときの資金的余裕によって変わってくると思います。逆に言えば、ロスカットの金額を見れば、無理のないトレード資金の額が割り出せるのです。私が1回あたりのトレード資金額を、ロスカット金額を基準にして決めるのは、このような理由からです。

たとえば、3万円のロスカットができる人の1回あたりのトレードの最大資金は100万円になります。「あなたがロスカットしてもいいと思う金額×33・3倍＝1回あたりのトレードの最大資金」と考えてもよいでしょう。

利益確定の目安

1回あたりのトレード資金が決まれば、そこから目標利益額を割り出すことができます。この目標利益額は、どのくらいのスパンでトレードを行うかによっても変わってきます。数か月単位でトレードをしている人は、数日単位でトレードをしている人よりも多くの利益を上げることができます（左上図）。利益確定の目標目安は左下表のとおりです。

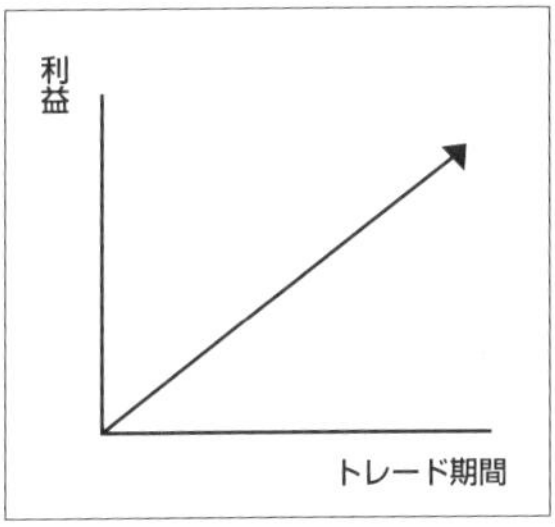

トレード期間が
1日間……1回のトレード資金の0.5〜1%
数日間……1〜3%
数週間……3〜10%
数か月……10%以上

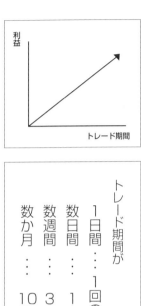

この利益率を「低い」と思わない

この表に当てはめると、1回あたりのトレード資金が10万円の人が数週間で利益確定する場合、3000~1万円くらいの稼ぎを目標にするということになります。さて、この利益、あなたは少ないと思いますか？　これを「少ない」と思う人は「どんな相場環境でも再現可能な数字はこれくらいなのだ」と考えを改めたほうがいいでしょう。初心者が一気に資金の何倍も稼ごうとして、稼げるはずがありません。

私たちが目指すのは「どんな相場環境でも利益を出す」ことです。相場環境が良いからうまくいく、環境が悪いからうまくいかない、ではダメなのです。どんな環境の時も長期的継続的に稼ぐことを念頭に置いて、取引をしてください。

トレードの行程をチェック

トレードの4つのステップ

口座開設が終わったら、いよいよトレードに入ります。具体的には、左記の4つのステップをくり返していくことになります。

①銘柄選択
②全体相場の確認
③買い注文
④利益確定、ロスカット

基本的には①と②は同日の間に行うイメージで、③④についてはタイミングを見極めて行います。ただ、動きの速い株の場合は1日で①②③④まで進んでその日に利益確定ということももちろんありえます。

ステップ1／銘柄選択

①の銘柄選択は、文字通り「いい銘柄を選ぶ」ということです。ただし、ここではいい銘柄といっても有名・優良企業の銘柄ではありません。あくまでも、これから上がりそうな銘柄のことを指します。「これから上がりそうな銘柄」とは「これから上がりそうなチャート」のことです。これを見つけるには、美しいチャートを見極められる審美眼をもつことが大切です。「美しい」という

と信憑性がなさそうに思われるかもしれませんが、上がるチャートの形は本当に美しいのです。具体的に言うと、株価がリズムよく上がっていきます（３‐１）。

美しくないチャートは、ろうそく足の陽線陰線やヒゲに統一感がなく、短期間に上昇・下降を繰り返します（３‐２）。このような波乱相場もうまくやれば、稼ぐことができますが、初心者は手を出さないほうが無難でしょう。

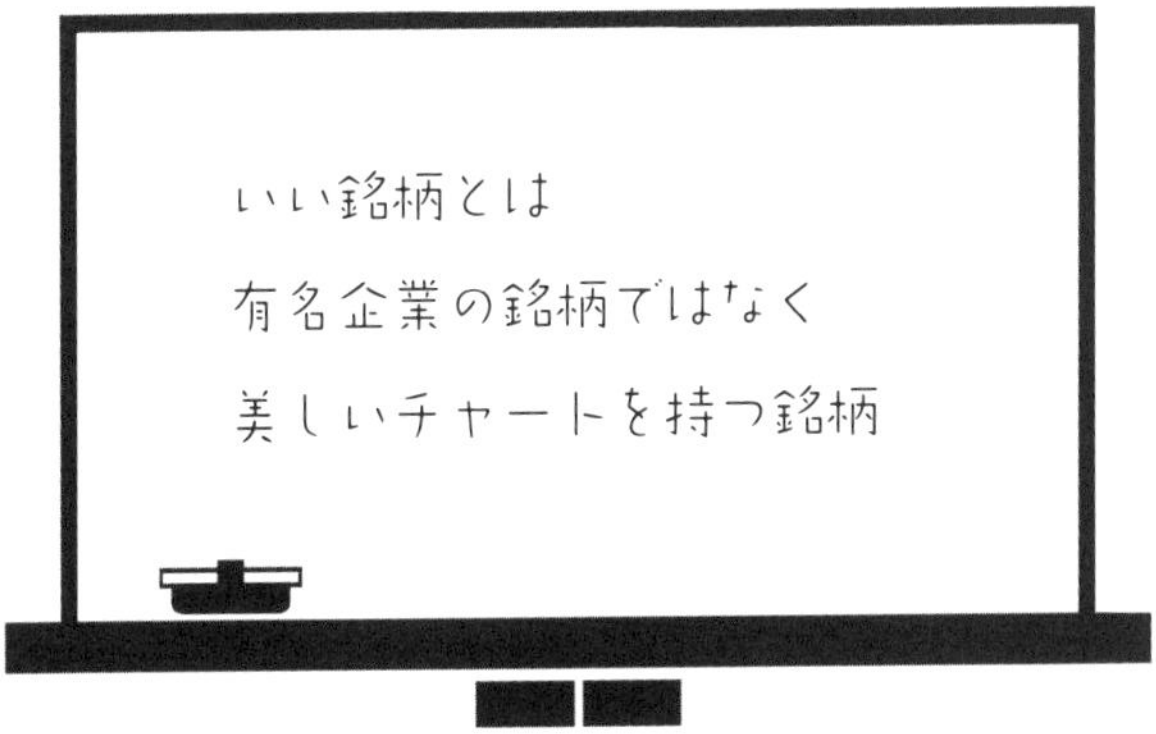
いい銘柄とは
有名企業の銘柄ではなく
美しいチャートを持つ銘柄

●3-1（3180 ビューティーガレージ・日足・2017.1～2017.3）

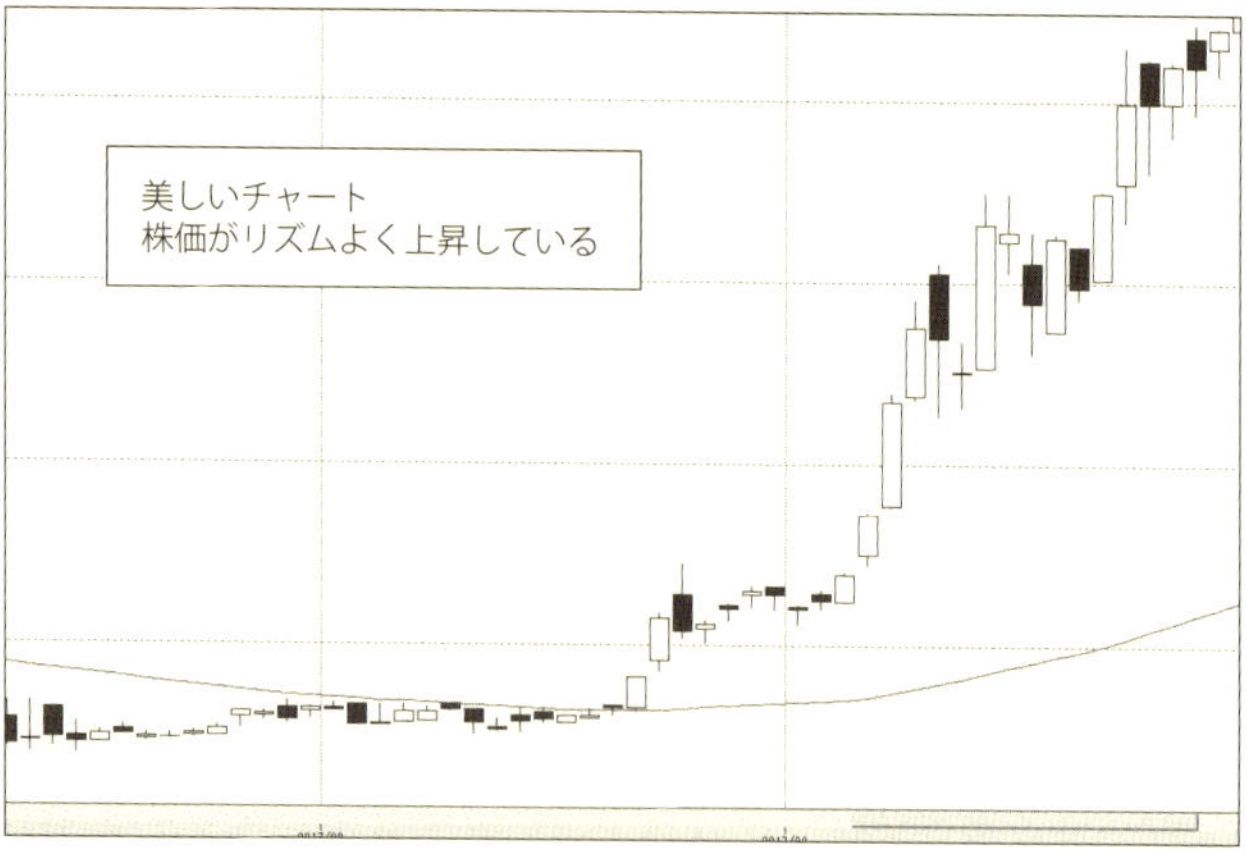
美しいチャート
株価がリズムよく上昇している

●3-2（1967 ヤマト・日足・2016.11～2017.3）

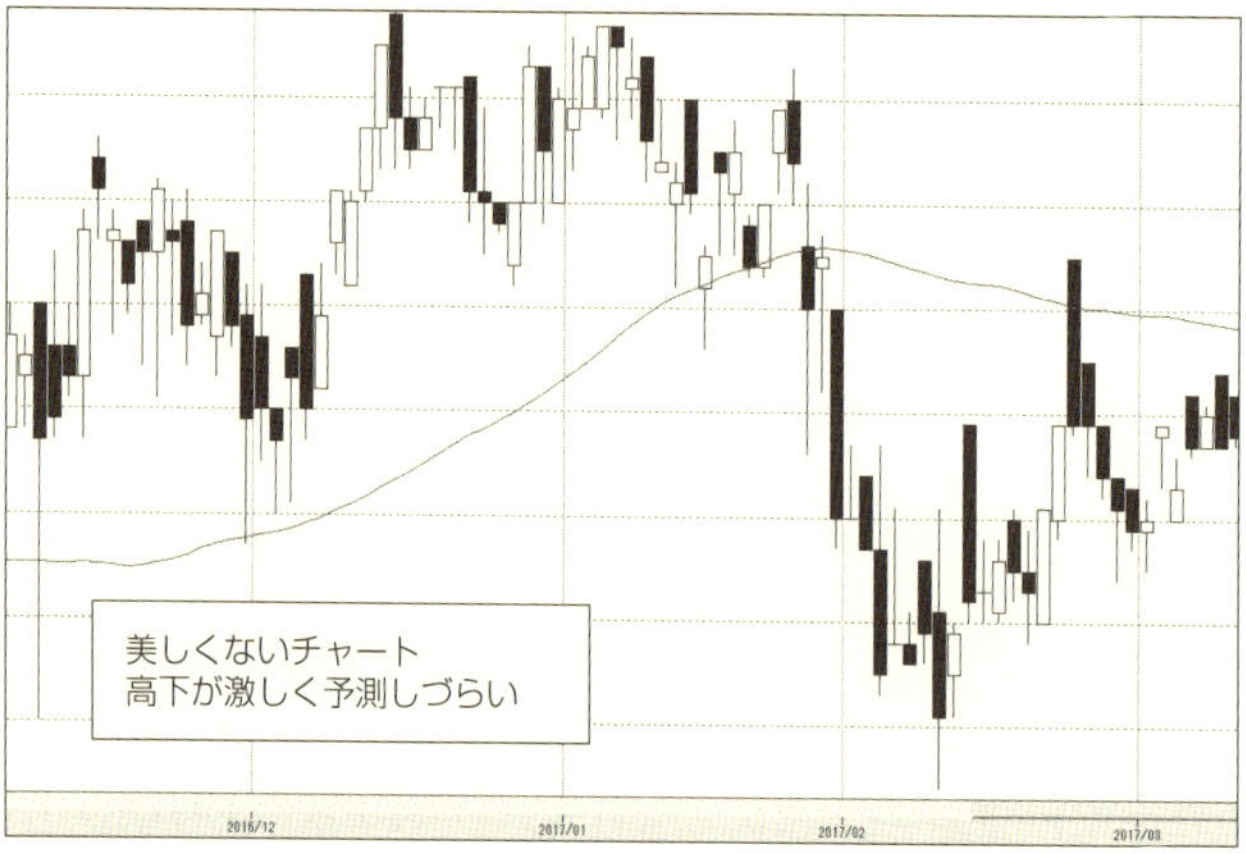
美しくないチャート
高下が激しく予測しづらい
2016/12
2017/01
2017/02
2017/03

ステップ2／全体相場の確認

銘柄選択が終わったら、次は②の全体相場の確認です。トレードの成績の良し悪しは銘柄選択だけではなく、市場全体にも左右されます。「市場全体が良いのか悪いのか？」を見極める必要がありますし、また、どの市場を選ぶかについても、検討する必要があるのです。

たくさんある市場の中でも、見ておくべきなのは東証一部、東証二部、東証マザーズ、ジャスダックスタンダード、そしてジャスダックグロースの5つです。国内市場の中でも取引量がそれなりにあり、株価チャートを使ってトレードできるのが、この5つだからです。これらの市場の指数のチャートを見て、上げ相場なのか下げ相場なのか判断しましょう。もちろん上げ相場と下げ相場なら上げ相場の市場を選びます。

次は、チャートソフトの機能を使って、これらの市場のさまざまなランキングを1~50位までチェックしていきましょう。その中から、「美しい」チャートを見つけていきます。

ステップ3／買い注文

銘柄選択と全体相場の確認が終わったら、いよいよ実際に買い注文を行います。注文には、「指値注文」や「逆指値注文」のほかに、価格を決めずに取引を行う「成行《なりゆき》注文」という方法も存在します。これは細かい価格や条件を設定せず、約定《やくじょう》（売買注文が成立すること）を優先した注文法です。

チャートがとてもいい形でぐんぐん値上がりしていきそうなら、成行注文ですぐに飛び乗ることも大切です。しかし、タイミングを誤れば高値で買うことになり、その後、少ししか上がらなければ利益は少なくなります。利益を出せればまだいいですが、買った瞬間に下がるリスクもあるので、初心者にはお勧めしません。

これに対して逆指値注文は、あらかじめ設定した金額を上回ったり下回ったりすると、自動的に売買してくれます。高値をつかまないということや、ロスカットがしっかりできるというリスク管理の面からいっても、「逆指値注文」がお勧めです。買いの注文後は、必ず注文が成立したかどうかの確認を行いましょう。注文成立後、すぐに売りの逆指値注文をしておけば、たとえそのあと急激に下がっても、ロスカットにより損失を避けることができます。「逆指値買い注文→注文成立の確認→逆指値売り注文」この基本的な流れを体に叩きこんでください。

ステップ４／利益確定、ロスカット

「安く買って高く売る」のが、トレードの基本です。ですので、「どこで買うのか」と同じように「どこで売る（利益確定・ロスカットする）のか」もトレードで稼ぐためには大変重要になります。このとき目安になるのが、前出の目標利益額です。目標利益額まで到達すればひとまず成功です。目標利益額に達せず下がりはじめた場合は、逆指値注文を使って早々に撤退して利益を少しでも確保しましょう（上図）。

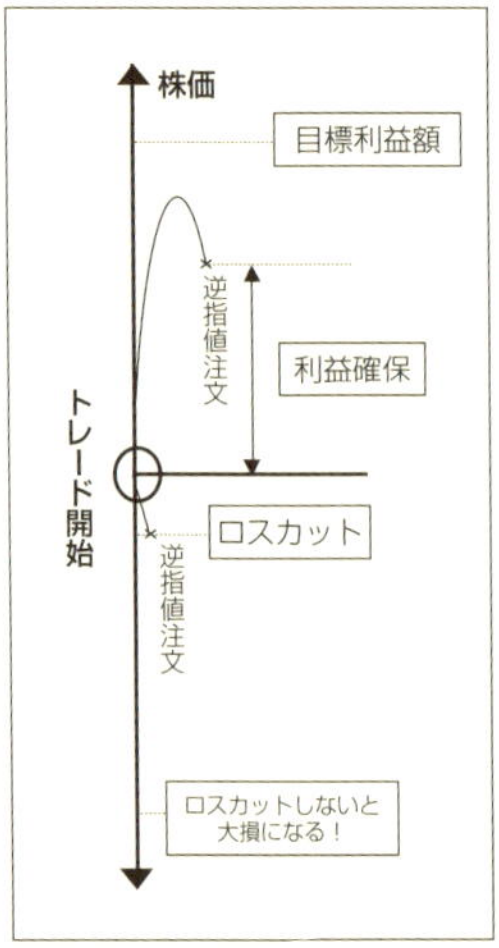

利益確定の基本的な考え方としては、強気の局面では利益をできるだけ引き伸ばして勝負に出る、弱気の局面では小まめに利益を確保して慎重に行く、という姿勢になります（左図）。

たとえば、トレード期間が「数週間」で、強気の局面なら＋10％を狙いにいくのもよいでしょうし、場合によってはもっと利益を狙ってシナリオを立ててもよいでしょう。逆に弱気の局面なら、＋3％までいかなくても、こまめに売ることも大切です。

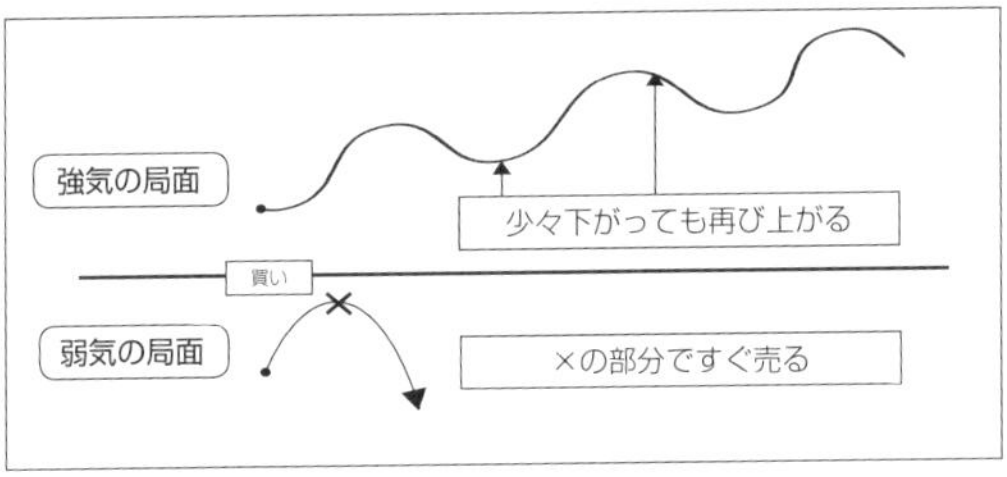

買った後、あらかじめ決めておいた一定ラインを超えて下がってしまった場合は、ロスカットをすることになります。ロスカットの金額は初めから決まっているはずです。そして、あなたは最大でも、そのロスカットラインの33・3倍の資金でトレードをしているはずです（28〜29P）。

トレードで大切なことは「ああなったら、こうする」「こうなったら、ああする」というシナリオを前もって決めておくことです。利益確定とロスカットはシナリオの主軸なので必ずチャートを見て価格を決めておきましょう。

Ⅲ　トレード記録のつけ方

「反省」なくして「成長」なし

トレード成績表

トレードで稼げるようになるためには、自分に合ったトレードパターン（十八番《おはこ》のパターン）を見つけることが大切です。このパターンは、自身の日々のトレードをふり返り、反省する中で見えてくるものです。そのために、私がお勧めすることは「トレード成績表」を付け、「トレード日誌」を書くことです。

「トレード成績表」はトレードの勝率や損益率を記録し、管理するためのものです。何勝何敗という勝率に加え、勝ったときの利益率、負けたときの損失率などを記録しておけば、自分の成績が出ます。これを日々つけて表にしていけば、あとから振り返って変化を追うことができます（次ページ）。

トレードをして勝ったときには必ず、それぞれ3％勝ちとか5％勝ちという勝率が出ますよね。それらを合計して、すべての勝ちトレード回数で割ると、平均利益率が出ます。同じことを負けでもやると、平均損失率も出せる。これらを総合的にみると自分のパフォーマンスがどのくらいなのかが一目瞭然ですから、やらない手はありません。

これをひと月くらい続けたら、それまでの記録を振り返ってみましょう。そうすると、こういうときには勝っていて、こういうときには負けているというう自分のトレードのくせが、だんだん分かってきます。自分なりの感想や、次の

空売り仕掛け値 (円)	空売り仕切り値 (円)	利益・損失 (円)	損益パーセント (%)	勝敗
305	311	-6	-2.0%	×
		55	12.2%	○
		99	5.1%	○
		-74	-4.9%	×
373	316	57	15.3%	○
		174	5.9%	○
		-10	-0.4%	×
		87	15.0%	○
		-109	-4.9%	×
		18	4.7%	○
2027	2097	-70	-3.5%	×
		-63	-2.3%	×
		440	6.5%	○
		405	19.5%	○
		-10	-2.2%	×
		47	2.8%	○
		-12	-3.9%	×
		18	1.3%	○
		-90	-1.8%	×
		34	3.5%	○
		合計	**66.2%**	

勝敗数	11勝9負
勝率	55.0%
勝ちトレード平均利益率	8.4%
負けトレード平均損失率	2.9%

●トレード成績表の例

仕掛け日	仕切り日	買い仕掛け値（円）	買い仕切り値（円）
1月16日	2月9日		
24日	2月17日	451	506
25日	2月1日	1932	2031
26日	2月1日	1524	1450
27日	2月8日		
31日	2月7日	2931	3105
2月1日	2月2日	2510	2500
1日	2月9日	579	666
2日	2月9日	2203	2094
6日	2月13日	380	398
6日	2月13日		
8日	2月9日	2750	2687
8日	2月10日	6740	7180
9日	2月13日	2077	2482
13日	2月24日	460	450
13日	2月17日	1697	1744
15日	2月24日	307	295
16日	2月20日	1379	1397
20日	2月23日	5020	4930
21日	2月24日	960	994

月の目標を書いておくのもお勧めです。

トレード日誌

日々の記録には、自分の行動やそれに対する簡単なコメントを書いた「トレード日誌」もつくっておきましょう。なぜうまくいったのか、なぜうまくいかなかったかを言語化して分析するためです。

毎日コツコツ分析していても、頭の中で考えているだけでは、時間が経つと忘れてしまいます。これを簡単にでも記録していれば、トレードの分析資料にすることもできて便利です。

「記録する」といっても、大げさに考えることはありません。大学ノートでもいいですし、メモ用紙を束ねたものでも大丈夫です。

最初のページには、自分なりのルールを書いておきましょう。「利益確定はこういうときにする」「こうなったらロスカットする」というような、自分への決めごとですね。できれば「○○したら買う」「株価がここまで上がったら売る」というふうに、具体的な数値や基準を書くのがお勧めです。

慣れるまではこのページを毎日見返して、意識しなおすようにしてください。そうするとうまくいかなくてもあせらず冷静さを保てますし、リスク管理ができるので大負けしなくなってきます。

行動理由と結果分析

次のページからは、1日1ページを使ってその日のトレード記録をつけていきます。くり返しになりますが、大切なのは「行動の理由」です。「こういう理由でこの銘柄を買った」「こういう状況になったから売る判断をした」というのを、できるだけ論理的に書くようにしてください。もちろん、その行動によってどうなったかという「結果」も記録しておきます。

後日ゆっくり振り返ると、「このときの判断は正解だったな」とか「自分はこういう状況でこういう判断をする傾向がある」とか、なんらかの気づきが出てくるはずです。それをまた記録しておけば、

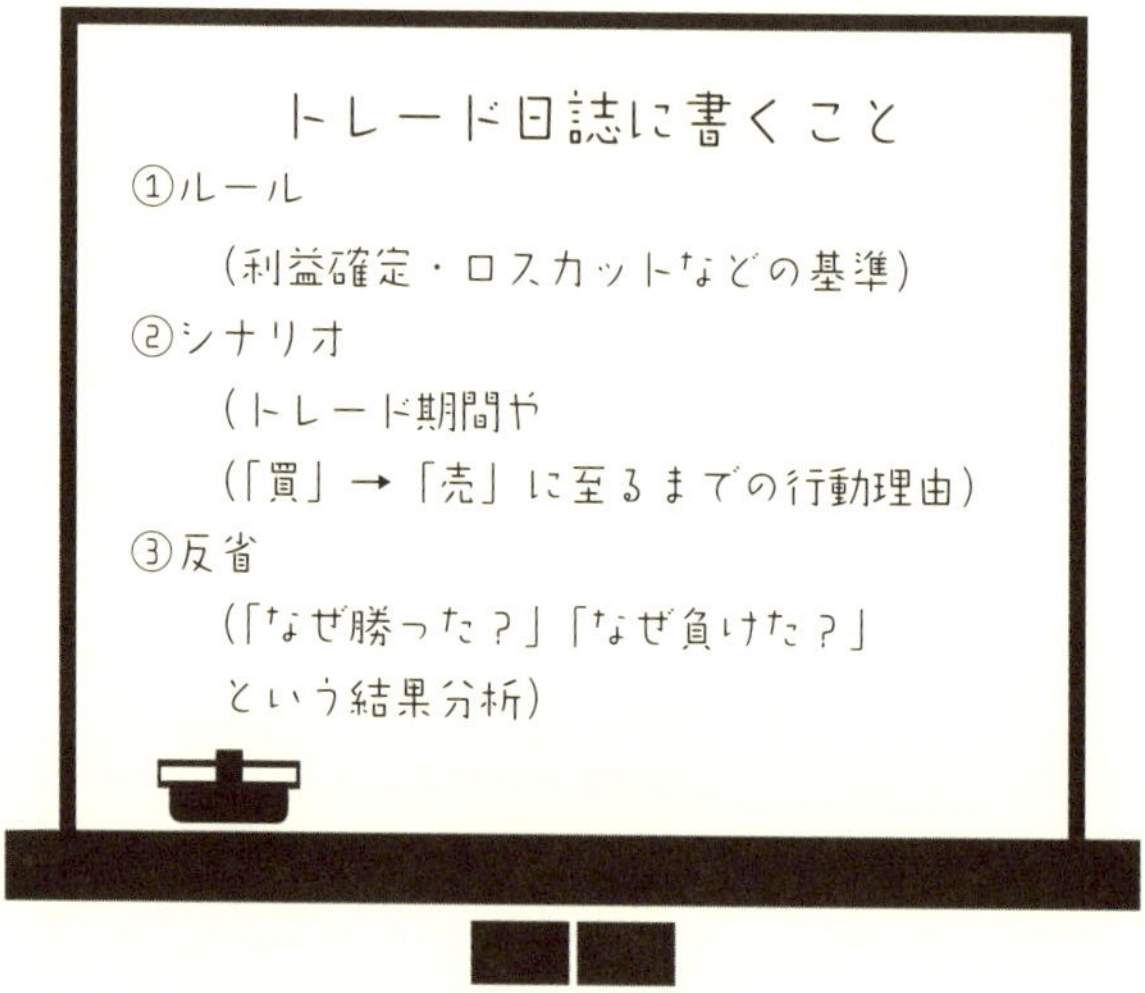

トレード日誌に書くこと
①ルール
(利益確定・ロスカットなどの基準)
②シナリオ
(トレード期間や
(「買」→「売」に至るまでの行動理由)
③反省
(「なぜ勝った?」「なぜ負けた?」
という結果分析)

次回以降のトレードに生かすことができます。

反省はトレードの幅を広げる

4章に詳しく記しますが、トレードにおける「心」「技」は、考えながら行動し、試行錯誤するなかで身についていくものです。文章にして残しておくと、以前に自分が何を考えていたかを振り返ることができ、考えるための材料が豊富になるのです。「面倒くさい」と思っても必ずするようにしてください。これをするとしないとでは、成長率が段違いに変わります。

column Ⅰ

1つの指標にたよってはいけない理由

組み合わせは弱点をカバーする

チャート分析では1つの指標だけにたよってはいけないと、私はさまざまな所でお伝えしています。「この指標さえ見ておけば間違いない」と言えれば聞こえはいいのですが、残念ながらそういった指標はないのです。

だからと言って「これまで伝わってきている一般的に知られている指標はインチキだ」と言いたいのではありません。むしろ、すべての指標はそれぞれ正しいと思います。だからこそ、いろいろな指標の派閥、いろいろな所で売買判断をするいろんな人の意見が重なったところが、より信憑性の高い〝正解〟になるわけですね。

指標には必ず弱点があるものです。状況によって使えなくなったり、信憑性が低くなったりするのは避けられません。そんなとき、いくつかの指標を組み合わせて見ていれば、他の指標のいいところで弱点を相殺することができます。２つ、３つと指標を組み合わせることで、だんだん弱点がカバーされていくのですね。

自分の理論を構築する

採用する指標は「自分の中にその指標の理論を落としこめるかどうか」を基準に決めるといいと思います。指標には「こうだから上がる」「こうだから下がる」という理屈があると思うのですが、それを聞いて納得できるかどうかということです。

その上で過去のチャートを見て「やっぱりその通りになっている」と確認できれば、もうその指標は自分の中にインストールされたと言っていいと思います。

複数の指標を寄せ集めて深堀りしていくと、だんだん自分の理論ができてくるはずです。そうなったらしめたもの。「そこに当てはまるときだけトレードをして、それ以外の場合は休む」というのを徹底すれば、自然と収益は上がっていくでしょう。

第2章

これだけ！
9の買いパターンと“ダマシ”チャート

一般的に株というと「どの銘柄を買うか」に着目しがちですが、私はそうではありません。トレードで稼ぎたいなら、銘柄ではなく「どのチャートの形を買うのか」に着目するのが重要だと考えます。まずは正確な分析のための道具となる9の買いパターンを覚えましょう。

テクニカル分析は難しくない！

テクニカルVSファンダメンタル

株式投資を少しでもかじったことのある人なら、ファンダメンタル分析／テクニカル分析という言葉を聞いたことがあるかと思います。株の売買には株価の将来を予測する必要がありますが、このとき使う代表的な分析手法のことを指します。

ファンダメンタル分析とは、景気動向や企業の業績や財務状況などによって今後の株価を分析するものです。一方のテクニカル分析とは、過去から現在の値動きのパターンから将来の値動きを予測するもの。言い換えれば、これまでのチャートの形から、将来どんな形のチャートになるのかを見極めるということです。

たしかに景気動向や企業の業績や財務状況などは、株価を動かす大きな要因です。でも、私たち個人が投資家としてそうした情報をいち早く確実に手に入れるのは、現実的には難しいのです。「それなら個人にとって不利なファンダメンタル分析で勝負するよりも、チャートの形だけで判断できるテクニカル分析で勝負するのがよい」というのが、私の考えです。大口投資家も個人も見るチャートは基本的にほぼ同じです。チャートは個人がプロの大口投資家と同じ土俵でたたかえる、有効な手段の一つなのです。

テクニカル分析というと難しく感じるかもしれませんが、そんなことはありません。要は「値上がりする形」「値下がりする形」をあらかじめ覚えておいて、その形を見つけたとき、その通りに売買すればいいのです。

もちろん、テクニカル分析が絶対正しくて、ファンダメンタル分析は間違いだと言っているのではありません。あなたがファンダメンタル分析のほうが好きで、その分析によって利益も出ているのであれば、それでいいと思います。そのやり方をやり続けてください。しかし、もし、あなたがファンダメンタル分析によって利益を出すことができず、うまくいかなくて悩んでいるのなら、一度テクニカル分析を試してみましょう。

テクニカル分析に「絶対」はない

それではさっそく「値上がりする形」「値下がりする形」を具体的に伝授していきましょう……と言う前に、お伝えしておかなければならないことがあります。それは「テクニカル分析に絶対はない」ということです。

株で稼ぎたいという人に、買い／売りのサインとなるチャートの形を教えると、うまいかないときに「値上がりする形で買ったのに、値上がりしなかったじゃないか」と怒る人が必ずいます。しかし、そのようなクレームはトレードの本質を見極められていない証拠です。

値動きは市場全体のムードはもちろん、そのときの景気動向や社会情勢など、さまざまな要因に左右されます。「値上がりする形」だと思ったチャートが様々な要因に引っ張られ「値下がりする」ことも多々あります。

今からお伝えするのは、あくまでも分析のための「道具」です。それらをどう組み合わせてどう判断するかは、そのときの状況に応じて決めていく必要があります。チャートの形の裏に隠された理論や間違いやすい〝ダマシ〟パターンも勉強して、正確な分析ができるようになってくださいね。

買いパターン①
株価が75日線と25日線の上にある

移動平均線の方向性も見ること

移動平均線があらわすのは、株価の方向です。平均値の数値を取る期間が長いほど長期的な方向性をあらわし、短いほど短期的な方向性をあらわしていると考えましょう。数日単位で見ると、株価は上がったり下がったりして方向感が無いように見えます。しかし、もっと長い期間で見ると、株価がいったん上向き出すとしばらく上がり、いったん下向き出すとしばらく下がるという傾向があることが分かります。

●1-1（4813 ACCESS・日足・2016.10～2016.12）

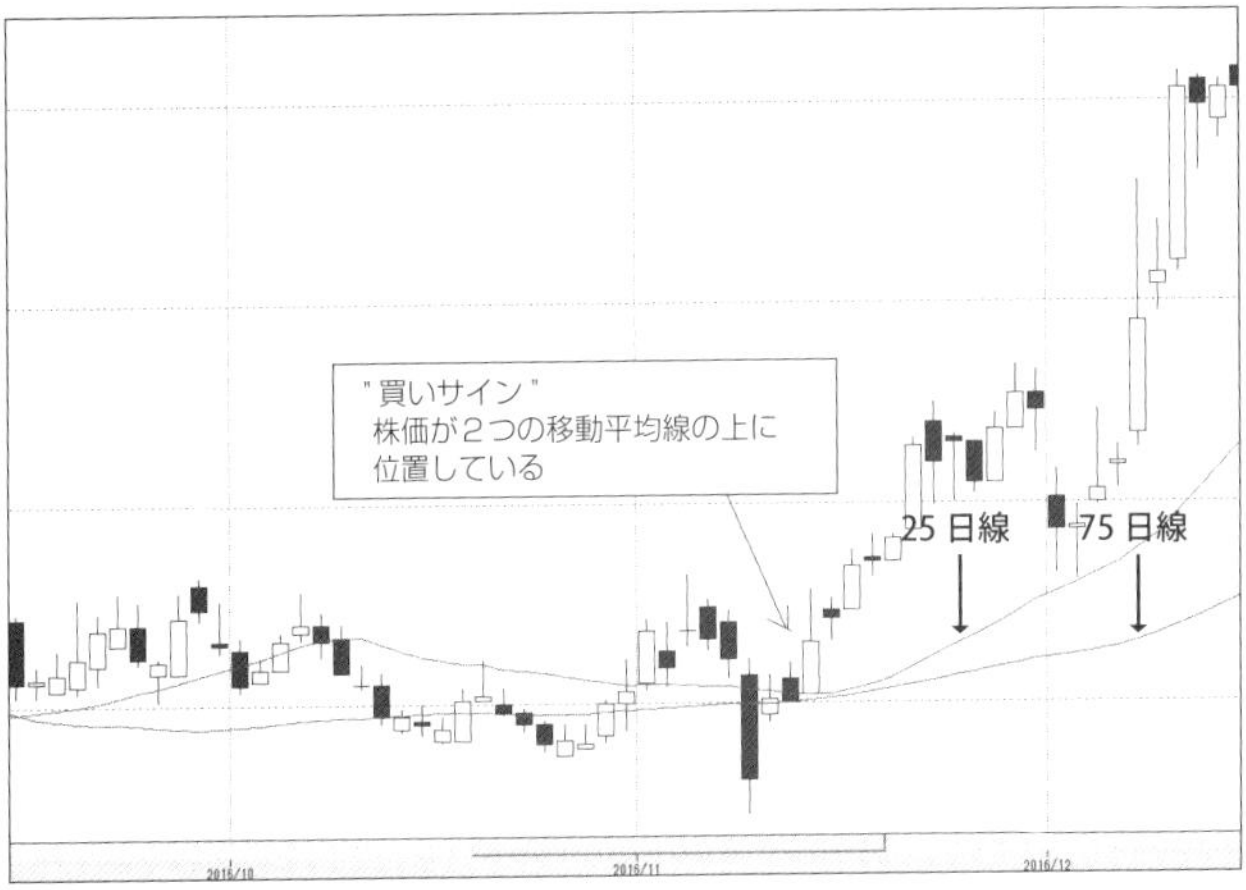

そして、その「傾向」を判断するための材料が、移動平均線です。だからこれを見ていると「いったん上がり出したからこの先しばらくは上がり続けるな」という予測ができるというわけです。

「移動平均線よりも株価が上にある」というのは上昇トレンドを示すひとつの指標です（1-1）。ただ、トレンドをひとつの移動平均線だけで判断するのは危険です。必ず2つ以上の期間のものを組み合わせて判断するのが、いわゆる〝ダマシ〟に引っかからないた

●1-2（3237 イントランス・日足・2016.10～2017.2）

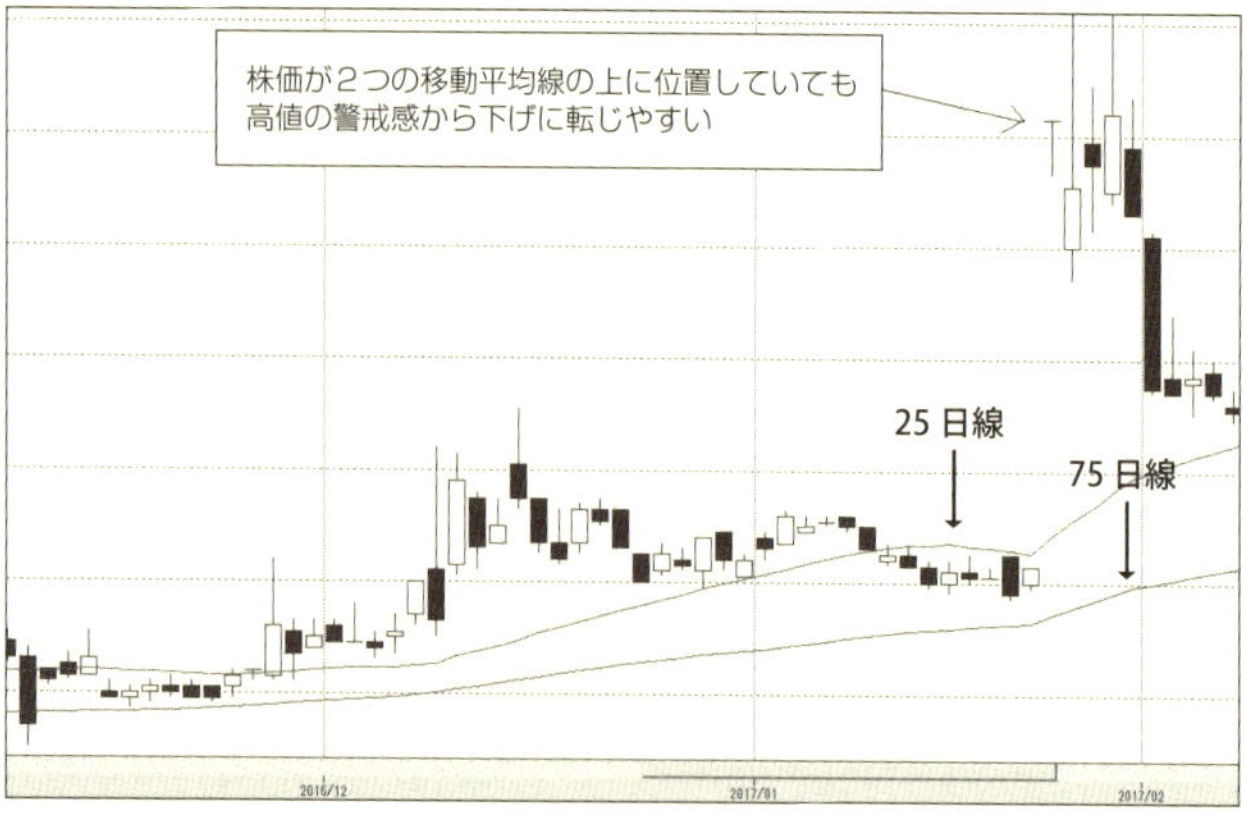

めのコツです。具体的に言うと、日足なら25日と75日、週足なら13週と26週、月足なら12か月と24か月という組み合わせがお勧めです。短期の方向性と中期の方向性と長期の方向性を総合的に見るほうが、やはり精度は高まるからです。

移動平均線のダマシ

株価が移動平均線より上にあるのはいいのですが、離れすぎているのは危険です。高値の警戒感から下げに転じる可能性が高まります（1-2）。

買いパターン②
短期的な線が長期的な線を上抜く

ゴールデンクロスとは

前項でもお伝えした通り、株価はいったん上がり出すとしばらく上がり続け、いったん下がり出すとしばらく下がり続ける事が多いのですが、下げから上げへの転換点が必ずあるはずです。それをいち早く見極めることができれば、効率よく稼ぐことができます。

この転換点を見極めるための重要なサインのひとつに、「ゴールデンクロス」と呼ばれる現象があります。短期的な移動平均線が長期的な移動平均線を上抜

●2-1（6184 鎌倉新書・日足・2016.10～2017.2）

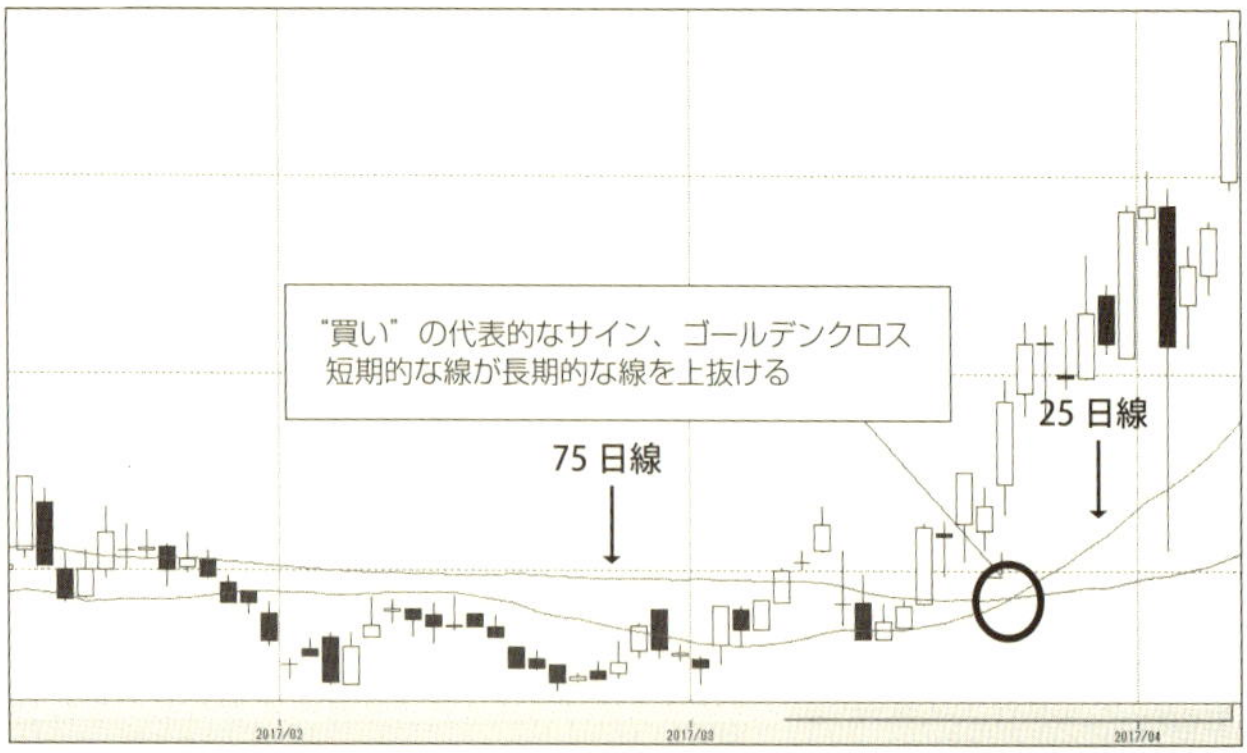

けることで、代表的な〝買いサイン〟として知られています（2-1）。短期的な移動平均線が長期的な移動平均線を上抜けるということは、それまでの短期的にも長期的にも下降であった相場から、なんらかの要因により短期的に買われはじめたということです。

もちろん単なる一時的な上昇で終わってしまう場合もありますが、「いったん上がると、しばらくは上がり続ける」という株価動きの癖から言えば、これが転換点になる可能性も高いのです。

買いパターン③ ボリンジャーバンドが大きく上下に広がる

ボリンジャーバンドとは

株価の転換点をはかる指標に「ボリンジャーバンド」というものがあります。移動平均線を真ん中として、その上下に2本ずつ線を引いて表されます。よく上げ止まり下げ止まりのタイミングを計るために使用されますが、ここでは他の使い方をします。ボリンジャーバンドの上下の幅は株価の値動きの大きさによって、開いたりしぼんだりします。しぼんでいるときは株価があまり動いておらず、開いているときは値動きが激しい傾向にあります。株価というものは、じっとしているときばかりではなく、大きく動くときもあり、また、大きく動

●3 - 1（7612Nuts・日足・2016.10～2017.2）

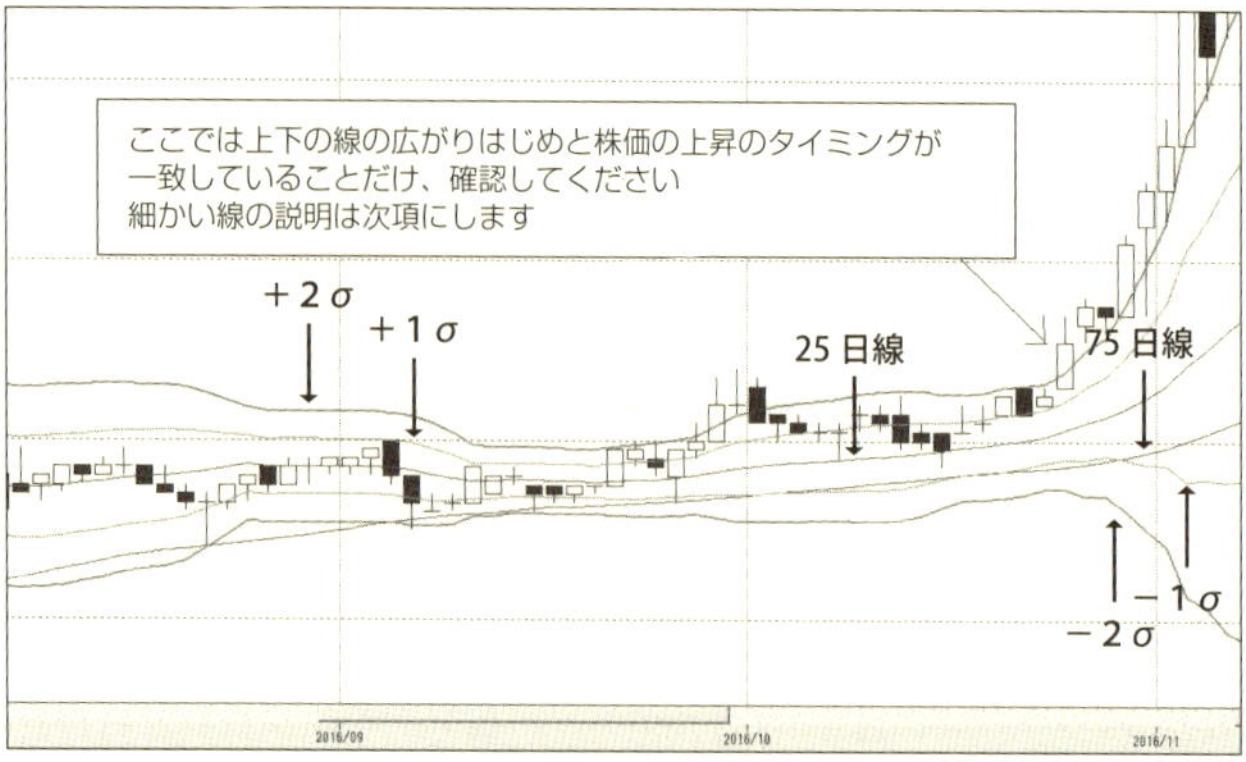
ここでは上下の線の広がりはじめと株価の上昇のタイミングが
一致していることだけ、確認してください
細かい線の説明は次項にします
＋2σ
＋1σ
25日線
75日線
－1σ
－2σ
2016/09
2016/10
2016/11

くときばかりではなく、じっとしているときもあります。ですので、しぼんだ状態から突然開いたら、上がり出したか下がり出したかのどちらかだと考えられるわけです。

「買い」のサインは、ボリンジャーバンドの上下の幅がともに大きく開いたときです（3 - 1）。矢印のところで、ボリンジャーバンドが大きく開き、それとともに株価も急上昇を見せています。「買い」が「買い」を呼ぶ、この上昇に乗るサインとしてボリンジャーバンドは大いに役に立ちます。

●3-2（3179シュッピン・日足・2016.10～2017.2）

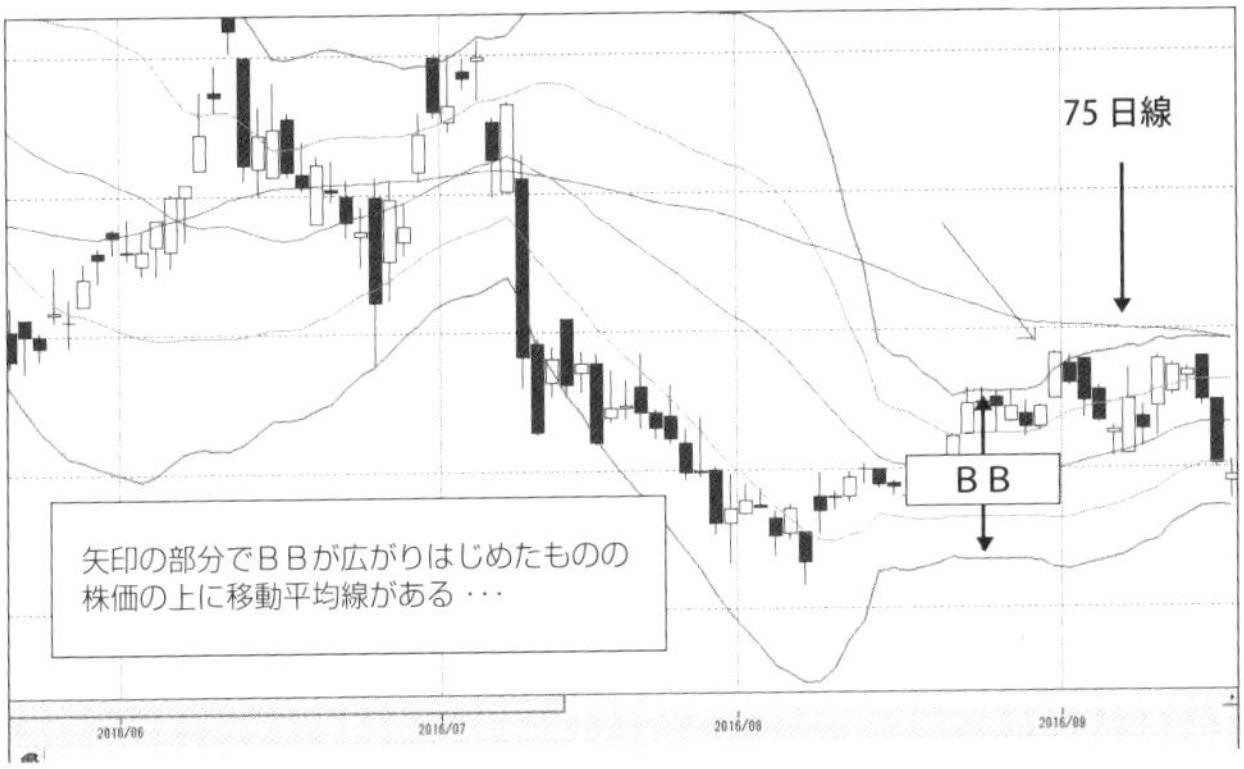

ＢＢ《ボリンジャーバンド》のダマシ

バンドは開いたが上に移動平均線がある場合は〝ダマシ〟の可能性がありますので、注意しましょう（３-２）。というのは、移動平均線の上に株価があるときは上昇相場、下にあるときは下降相場と考えられますが、その下降相場から上昇相場への境目となる線を株価が超えられない可能性があるからです。

要は、株価の上昇に移動平均線が邪魔になる可能性が高いということです。

買いパターン④
狭いBB《ボリンジャーバンド》の「＋2σ《シグマ》」に株価がある

BBの収束時はチャンス

ボリンジャーバンドがしぼんだ状態にあるときは「買ってはいけないのか」というと、そういうわけではありません。狭いということは「株価が動いていない」ということですが、逆に言えばそこでこれから上がる銘柄を見つけられれば、これはまたとないチャンスになります。

先ほどボリンジャーバンドを構成する線について触れましたが、さらに詳しくご説明しましょう。前項の3‐1を見てください。移動平均線の上にある2

●4-1（6208石川製作所・日足・2016.10～2017.4）

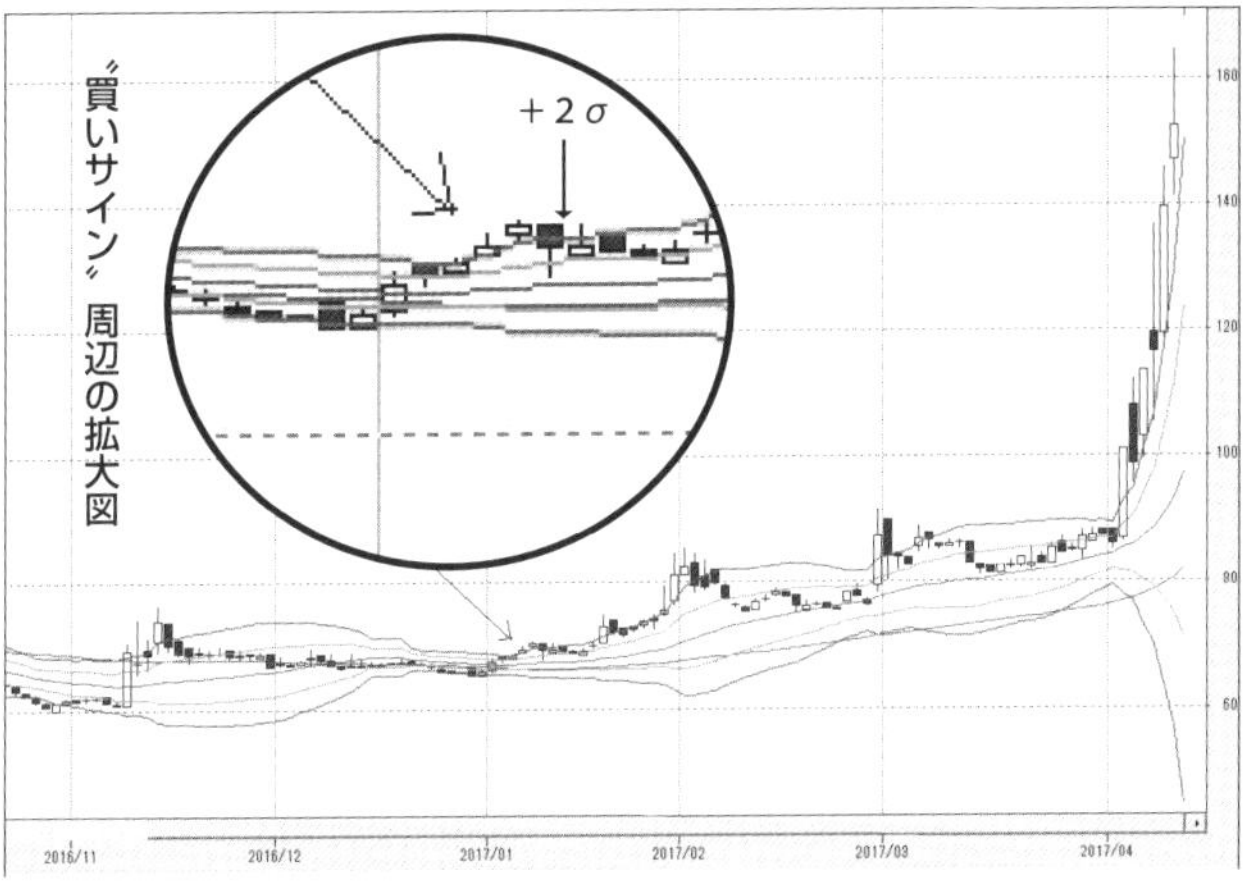

本の線は、移動平均線に近いほうから+1σ《シグマ》、+2σと呼びます。下にあるものも同様に−1σ、−2σと呼びます。

+2σは広がりの前ぶれ？

前述の通り、しぼんだボリンジャーバンドの幅は一定期間経つと広がるものです。ボリンジャーバンドの幅が狭いときに+2σに株価が来る（4-1）と、まさにその「広がり」の前ぶれである可能性が高いのです。

トレードの鉄則として「大きく動く前に株を買う」というものがあります。これは、あまり動いていない銘柄は、勢いがつけばグングン値上がりする可能性があり、狙い目だということです。

すでに買われはじめている銘柄に注目するだけではなく「まだ目をつけられていない銘柄のポテンシャルを見抜く」という視点でも、銘柄選びを考えてみるといいでしょう。

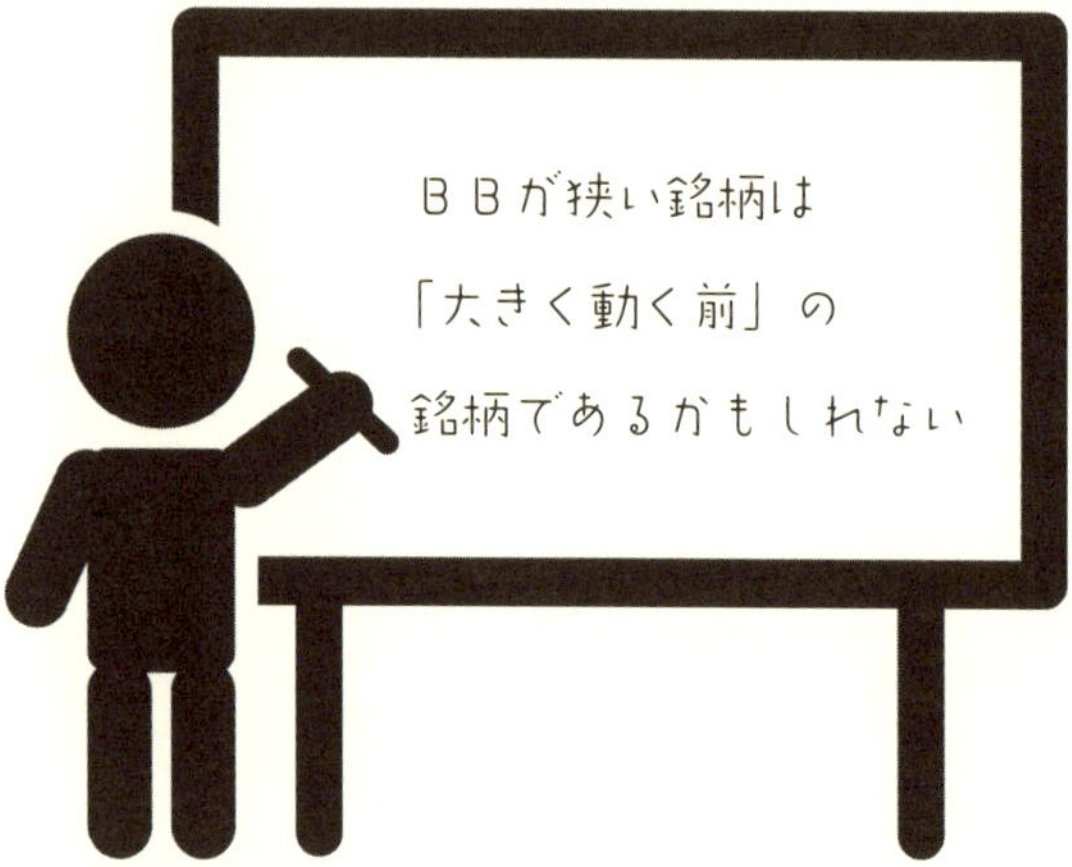

BBが狭い銘柄は
「大きく動く前」の
銘柄であるかもしれない

買いパターン⑤⑥⑦
一目均衡表《いちもくきんこうひょう》で3つのサインを見る

各部の説明

一目均衡表とは、文字通り「ひと目で株価の動向が分かる」ことから名付けられた指標です。具体的には、次の5つの線からなっています（5-1）。

転換線…過去9日間の最高値と最安値の中間値を当日に記入し線にしたもの
基準線…過去26日間の最高値と最安値の中間値を当日に記入し線にしたもの
先行スパン1…基準線と転換線の中間値を26日先に記入し線にしたもの
先行スパン2…過去52日間の最高値と最安値の中間値を26日先に記入し線にし

●5-1 (2193 クックパッド・日足・2017.3～2017.4)

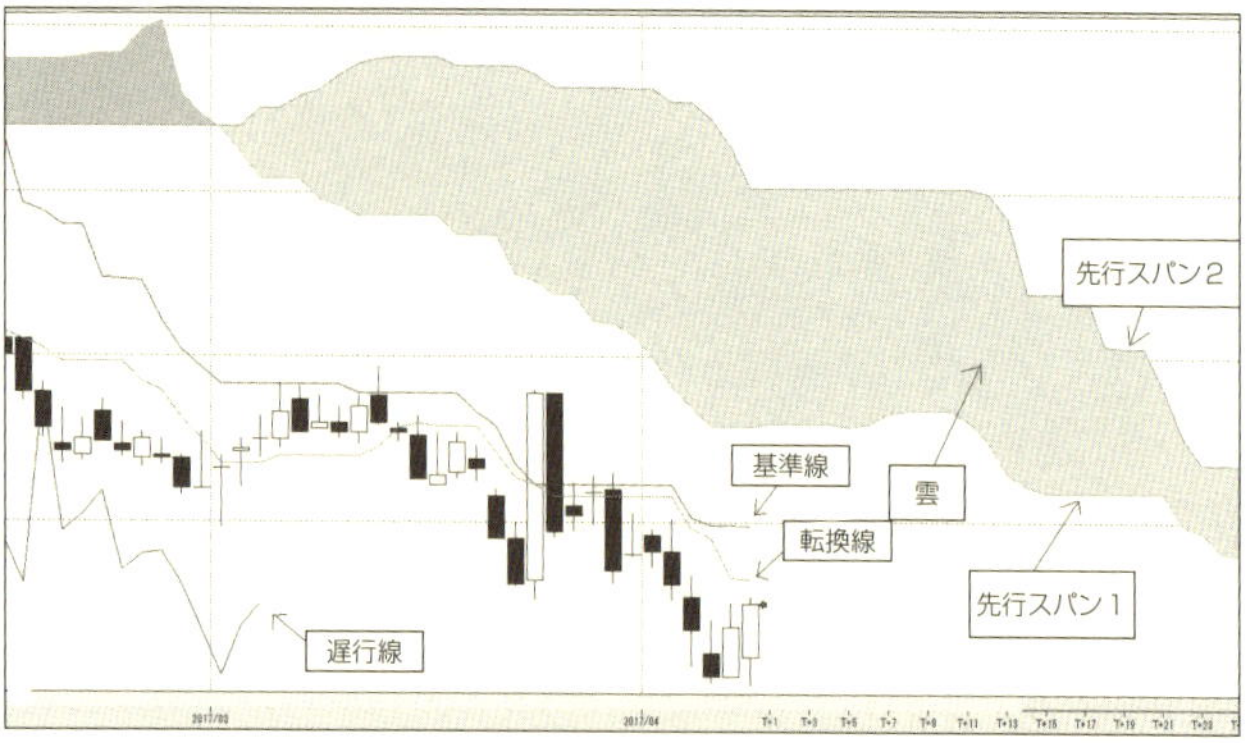

たもの

遅行線……当日の終値を26日前に記入し線にしたもの

買いパターン⑤雲抜け

先行スパン1と先行スパン2の間の色のついている部分を「雲」と呼び、ろうそく足がこれを上に抜けたら「買い」のサイン（パターン⑤、5-2）です。

買いパターン⑥遅行線の上抜け

このほか、「遅行線がろうそく足を上

『ど素人サラリーマンから月 10 万円を稼ぐ！ 株の授業』

読者限定特典のお知らせ

体験
入塾会

株式スクール**冨田塾**

無料招待チケットを
プレゼント！

本書をご購入いただきありがとうございます。
「少額資金しかなくても一般的な個人が株で稼ぐ方法」について
もっと詳しく、より具体的に知りたいと思っている皆様に
全国各地で開催している体験入塾会へ無料でご招待いたします。

チケットをご希望の方は

株式スクール冨田塾 検索

お申し込みは検索したページの右上にある
【冨田塾体験入塾＆説明会ご予約フォーム】にて
「項目を入れてください」の欄に「**無料体験入塾**」と
ご入力ください。

無料招待は予告なく、終了することがあります。
お申し込みはお早めに！　皆様のご参加をお待ちしております。

株式スクール冨田塾代表　冨田晃右

●5‐2（7105ニチユ三菱フォークリフト・日足・2016.7～2016.9）

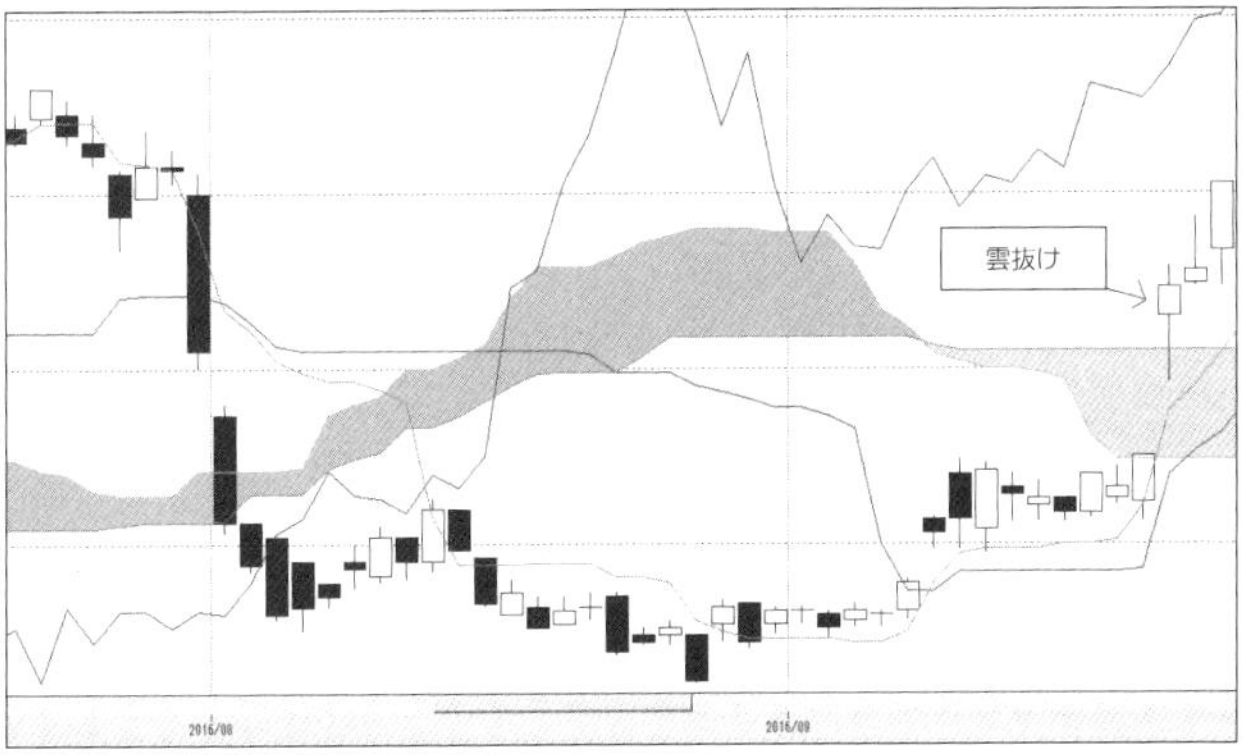

抜ける現象」（パターン⑥、5‐3）、

買いパターン⑦
転換線と基準線の好転

「転換線が基準線を上抜ける現象」（パターン⑦、5‐4、転換線と基準線の好転）も強気相場のサインです。

これら3つの〝買いサイン〟が同時にあらわれたときは、まさに最大の買いどき。見逃さないようにしっかりチェックしておきましょう。

●5 - 3（6141 DMG森精機・日足・2016.9～2016.11）

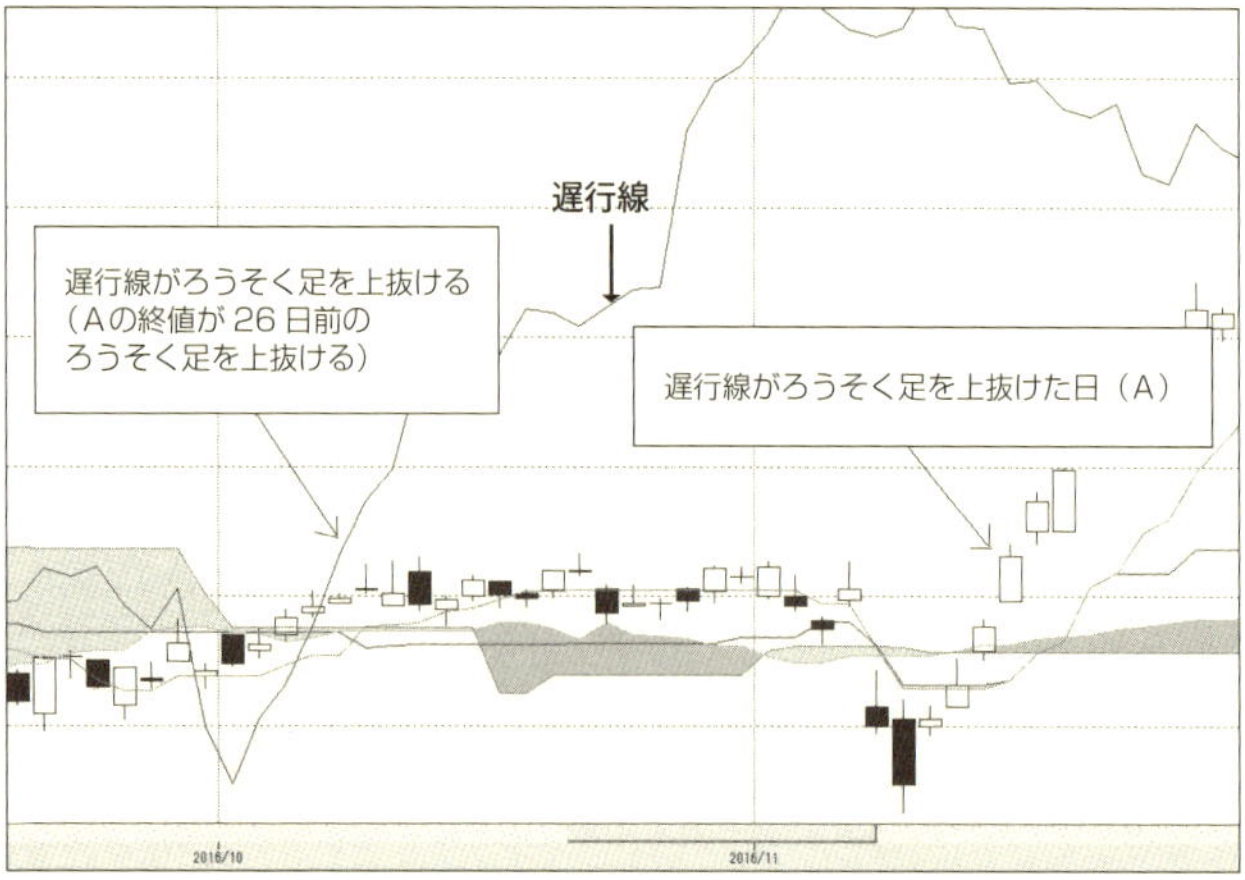

●5 - 4（3539 ジャパンミート・日足・2016.11～2017.1）

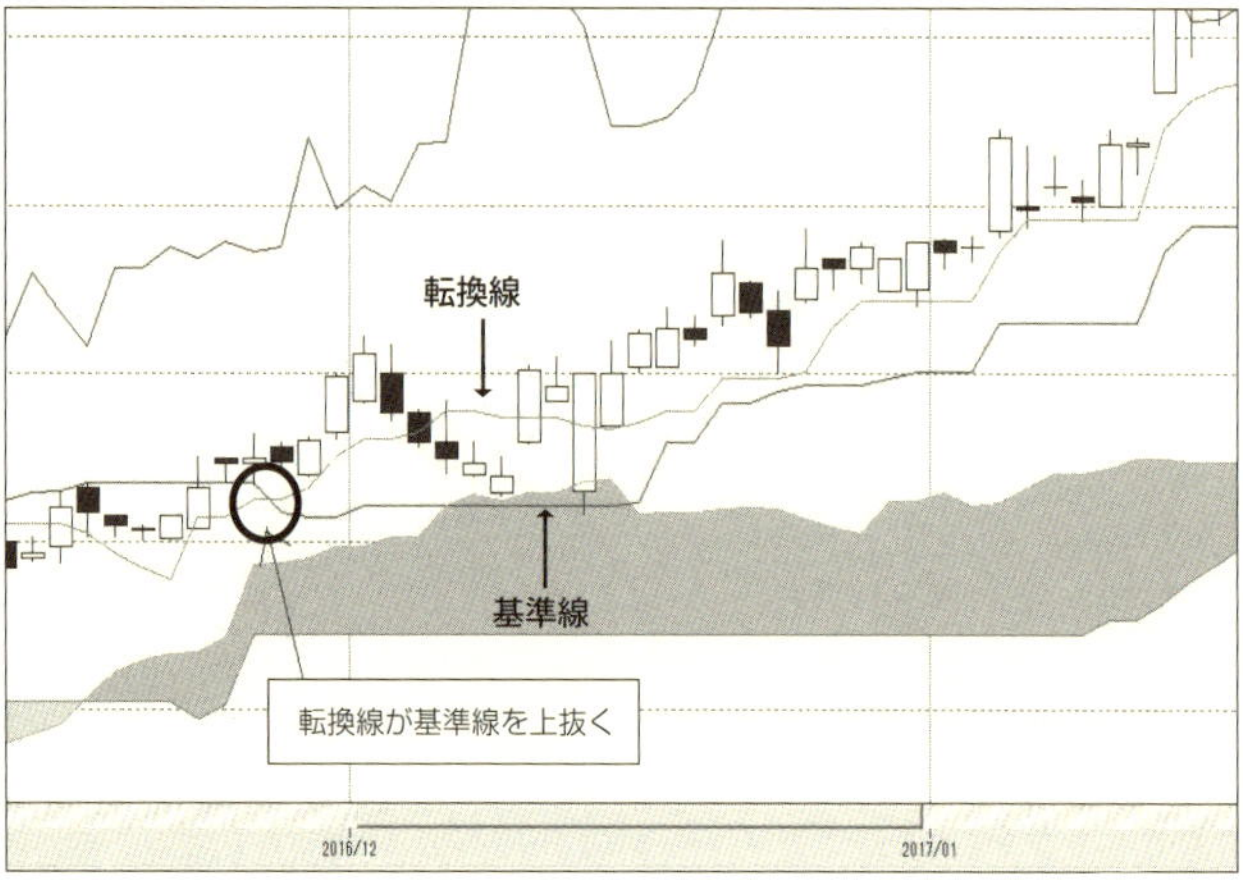

買いパターン⑧
三段高下の法則

三段高下とは

株価はずっと上がりっぱなし、下がりっぱなしということはなく、上げ下げをくり返します。その上げ下げに法則があるとしたら、転換点を予測しやすくていいと思いますよね。そんな都合のいい法則はない……と言われそうですが、実はあるんです。それが「三段高下の法則」と呼ばれるものです。

三段高下の法則とは「株価は上がるときも下がるときも、3つの段階を経る」というものです。つまり、3つの「上げ」でピークに達し、同じく3つの「下げ」

●6 - 1 (2388 ウェッジホールディングス・日足・2015.11～2016.8)

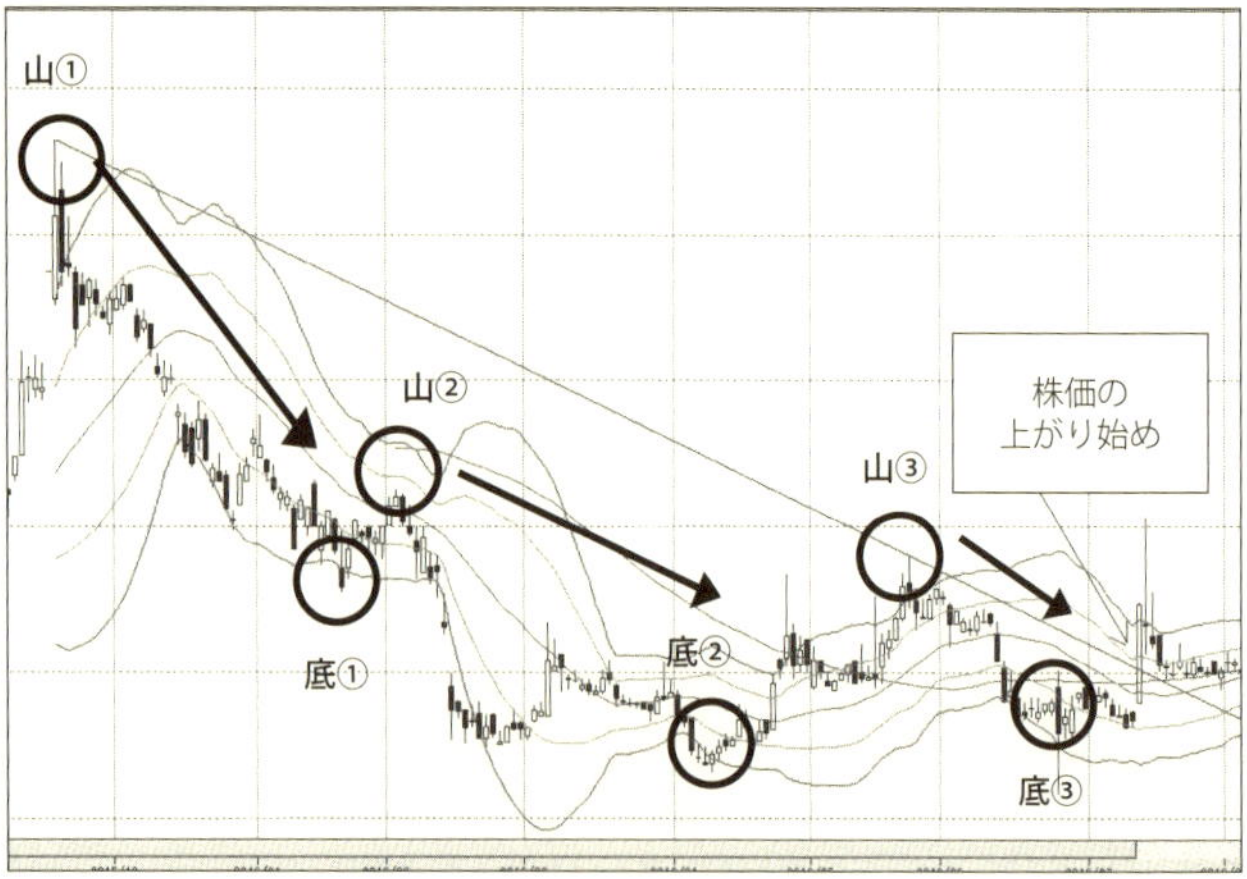

で底値を打つということですね。

6 - 1をご覧ください。大きく三段に分かれて下落しているのがわかると思います。

上げ下げがはっきりしたわかりやすいチャートもあれば、値動きの幅が小さくて段を判別しにくいチャートもありますので、必ず大きな画面のパソコンで細部までチェックしてください。

「買い」のタイミングとしては、「下

げ」の三段が終わって「上げ」の一段目がはじまる瞬間や「はじまった後」ですね。

ろうそく足一つひとつからメッセージを読み取ることも大切ですが、三段高下のように大きなスパンで株価の流れを読み取るのも同じように大切です。テクニカル分析をするときは、ミクロな視点とマクロな視点の両方を持ってください。

買いパターン⑨

株価が抵抗線を上抜ける

トレンドラインとは

初心者から上級者まで使える、便利な分析の指標の中に「トレンドライン」というものがあります。

これまでもお伝えしている通り、株価は上がりはじめればしばらく上がり続け、下がりはじめればしばらく下がり続けることが多いです。その状態を「トレンド」と言いますが、長期的な視点でみたとき、今注目している銘柄は「上昇トレンド」にあるのか、それとも「下降トレンドにあるのか」それを判断す

●5 - 1（3098 ココカラファイン・日足・2016.5～2016.11）

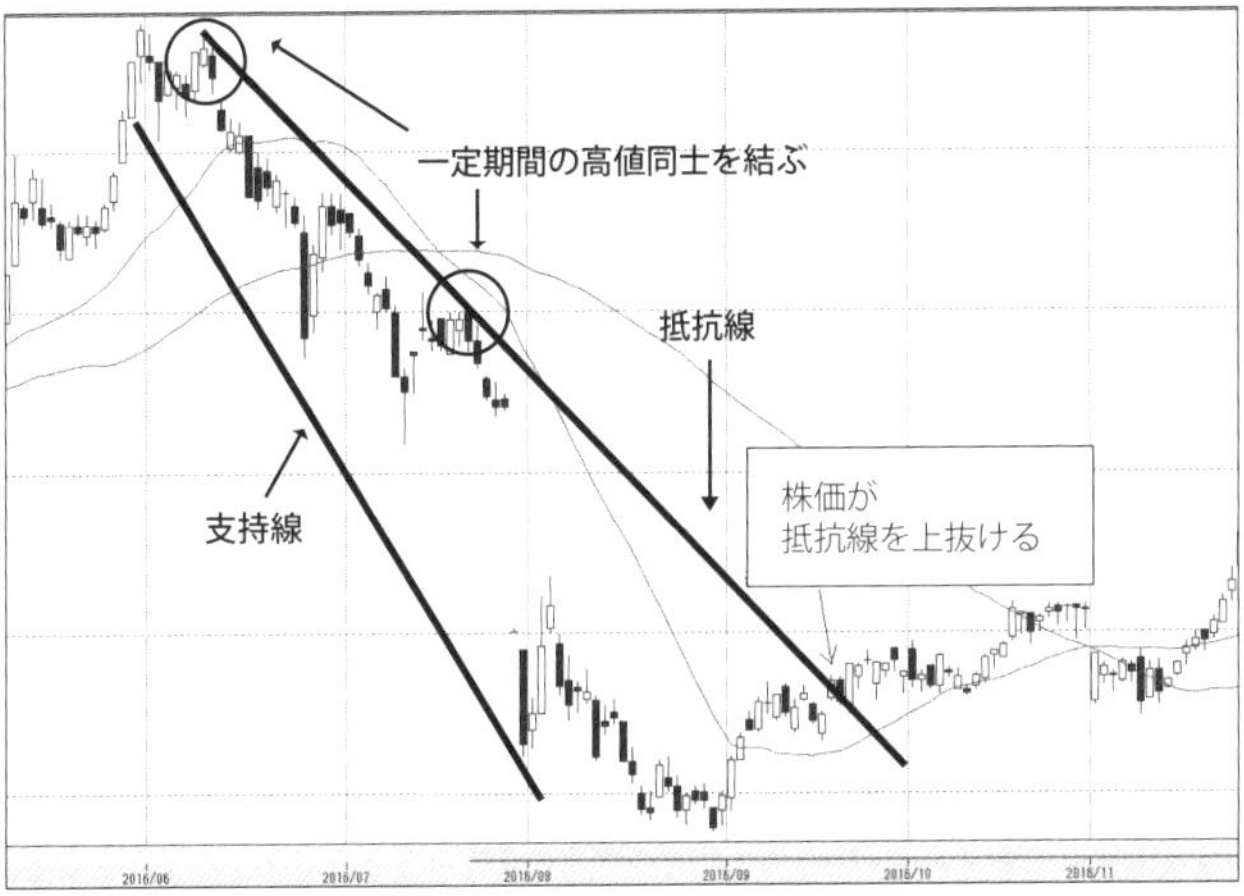

る材料になるのが、このトレンドラインなのです。

トレンドラインはこれまでご紹介した指標とはちがい、自動で算出されて出てくるものではありません。チャートソフト内にある描画ツールなどを使って、自分で線を引きます。ですので、先程の「三段」と同じで、誰が見ても同じとはならないことがあります。

一定期間の高値同士を結んだものを「抵抗線」（5 - 1）、安値同士を結んだものを「支持線」と呼びます。抵抗線と支持線が右肩下がりのラインを描いている場合は、基本的に下降トレンドです。そして、株価がこの抵抗線の下で推移している場合は、下げ途中と判断します。

トレンドの転換点

しかし、下がったものはまたいつかは上がるのが株価の性質、下降トレンドがいつかは上昇トレンドに転じるはずです。その下降トレンドが終わるときが、株価が下降の抵抗線を上抜けるタイミングです。その抵抗線を上に抜けることを「トレンド転換」と言います。

それまで抵抗されていたところを超えてきたのですから、一旦、下げトレンドが終了となります。そして、うまく条件が重なれば、そこから上昇する可能性が高まります。

第3章

複数の指標で オリジナルのゴールデン・パターンをつくる

基本的な買いパターンを覚えたら、次はそれらを組み合わせてオリジナルの“ゴールデン・パターン”を作ります。これが完成したら、あなたは「稼ぎ続けられるトレーダー」に限りなく近づいているはずです。ここでは、私が普段からよく使っている指標の組み合わせの一例を紹介しましょう。

ゴールデン・パターン①
移動平均線×BB広がり×一目遅行線抜け

2章で学んだ知識を組み合わせる

株価が25日移動平均線と75日移動平均線のすぐ上にあるときは、買いのサインでしたね。こちらのチャートはそれに加えて、ボリンジャーバンドの広がりと一目均衡表の遅行線のろうそく足上抜けとが重なった組み合わせです。

1-1の矢印部分は、ろうそく足が2つの移動平均線より上にあるのと同時に、広がってきたボリンジャーバンドの+2σも超えていますね。そして1-

●1 - 1（3271 THEグローバル社・日足・2017.1～2017.3）

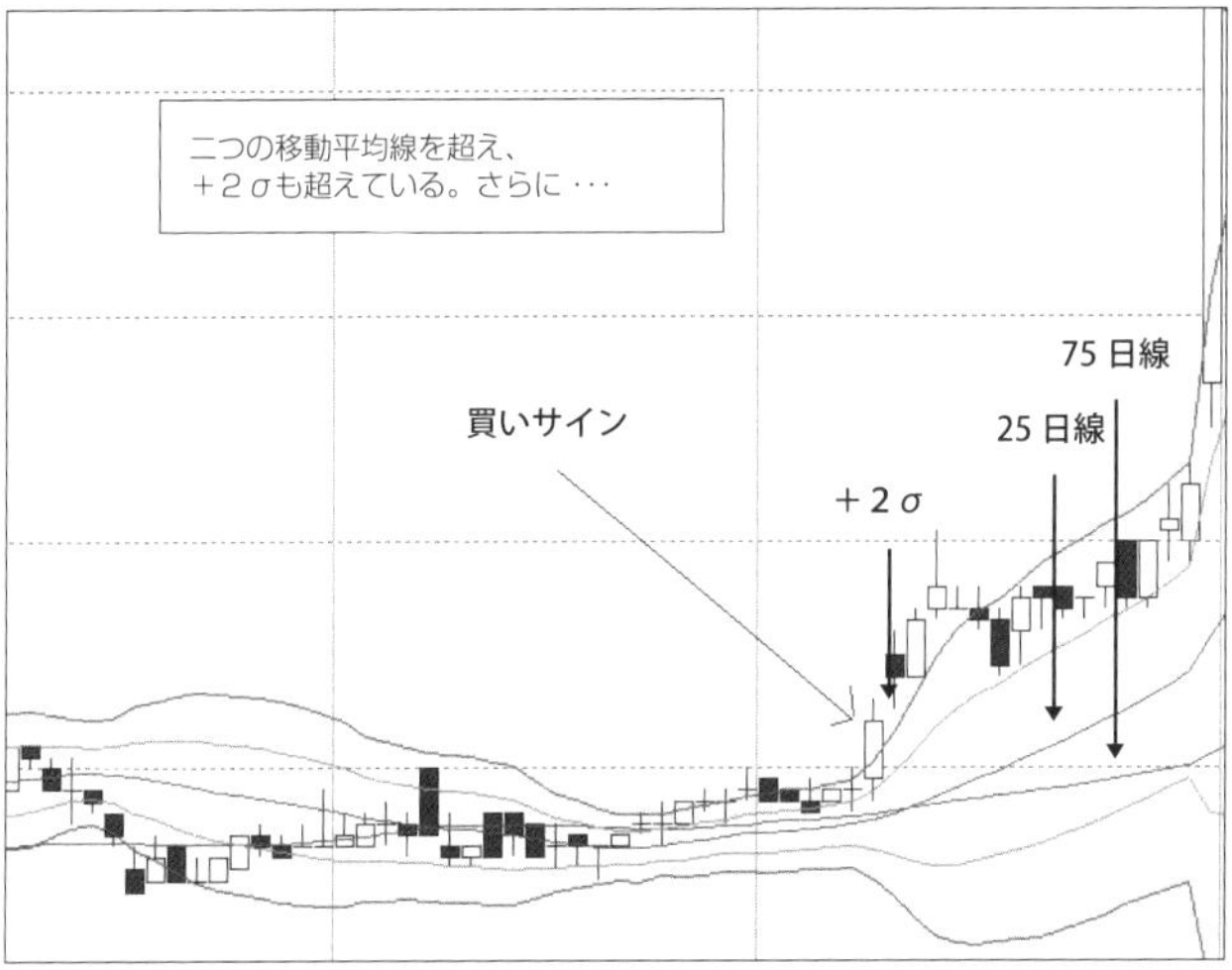

2の一目均衡表を見ると、同じタイミングで遅行線がろうそく足を上抜けているのがわかります。

1 - 2の2つの矢印は離れていますが、遅行線は当日の値を26日前に記入したものなので、この2つの矢印は同じタイミングです。3つのサインが重なったこの地点は、強力な〝買いどき〟だということです。ほどなくして、株価は急上昇していますね。

●1 - 2（3271 THEグローバル社・日足・2017.1～2017.3）

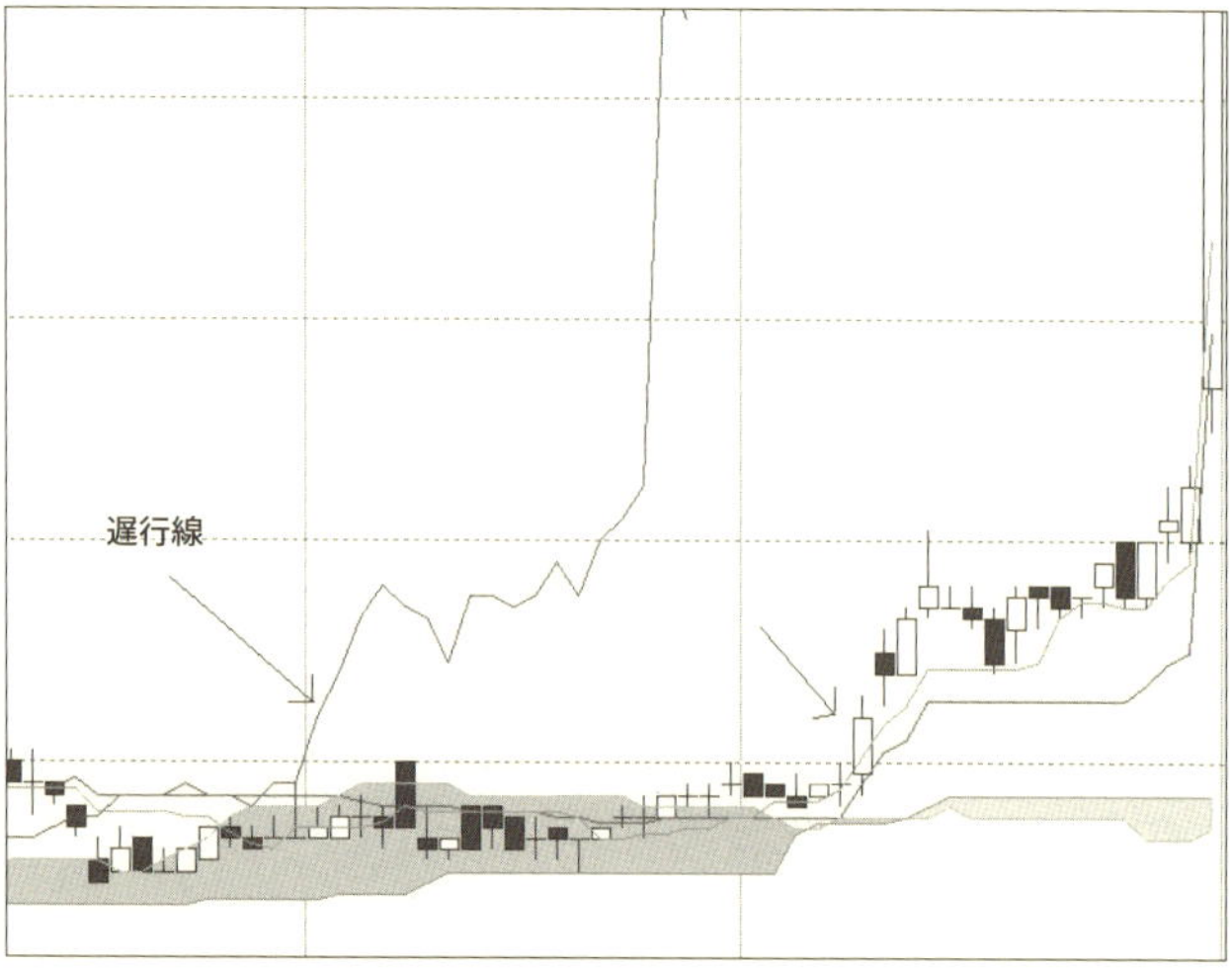

3つのサインが重なったので
上がる確率が高くなりました

ゴールデン・パターン②
BB広がり×一目雲抜け×三段下げ

チャートの〝リズム〟に注目

チャートには美しいものとそうでないものがあるとお話ししましたが、ここで紹介するのは美しいパターンの典型です。

2-1のチャートの〝リズム〟に注目してみてください。2016年の5月から11月にかけて、三段の山を描きながら株価が下がっていっているのがわかります。これが前章でご紹介した「三段高下の法則」の「三段下げ」です。株価は三段で下がったら次は三段で上がる、という指標でしたよね。

●2-1 (2487 CDG・日足・2016.5～2016.12)

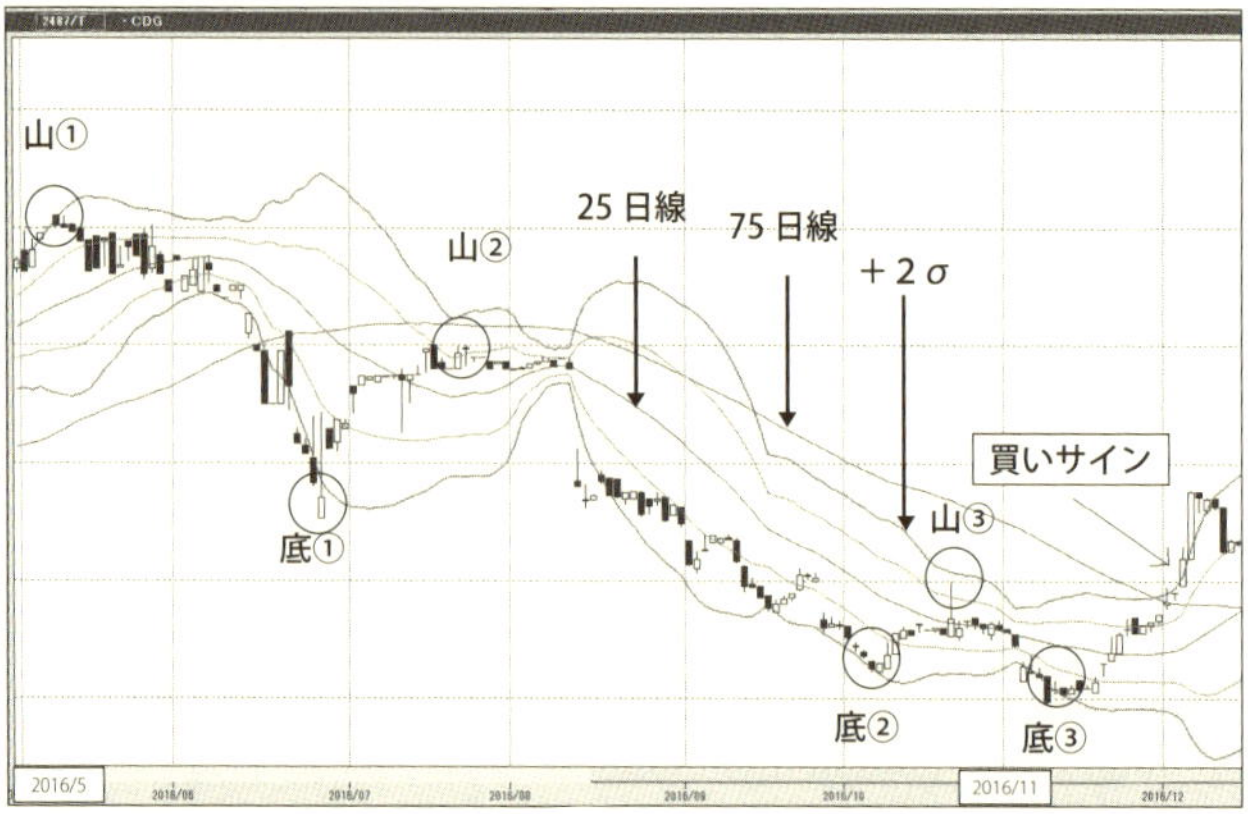

この指標の通り、2016年の11月を底に株価は上がりはじめていますが、「買い」のタイミングは矢印のところです。広がったボリンジャーバンドの＋2σをろうそく足が上抜けているのに加え、2-2の一目均衡表の同じ位置を見ると、ろうそく足が雲を抜けています。

これで3つのサインが重なったので、信憑性のある「買い」サインだと判断できるというわけですね。実際、〝買いサイン〟後、株価は急上昇していきます（2-3）。

●2 - 2(2487 CDG・日足・2016.9～2017.1)

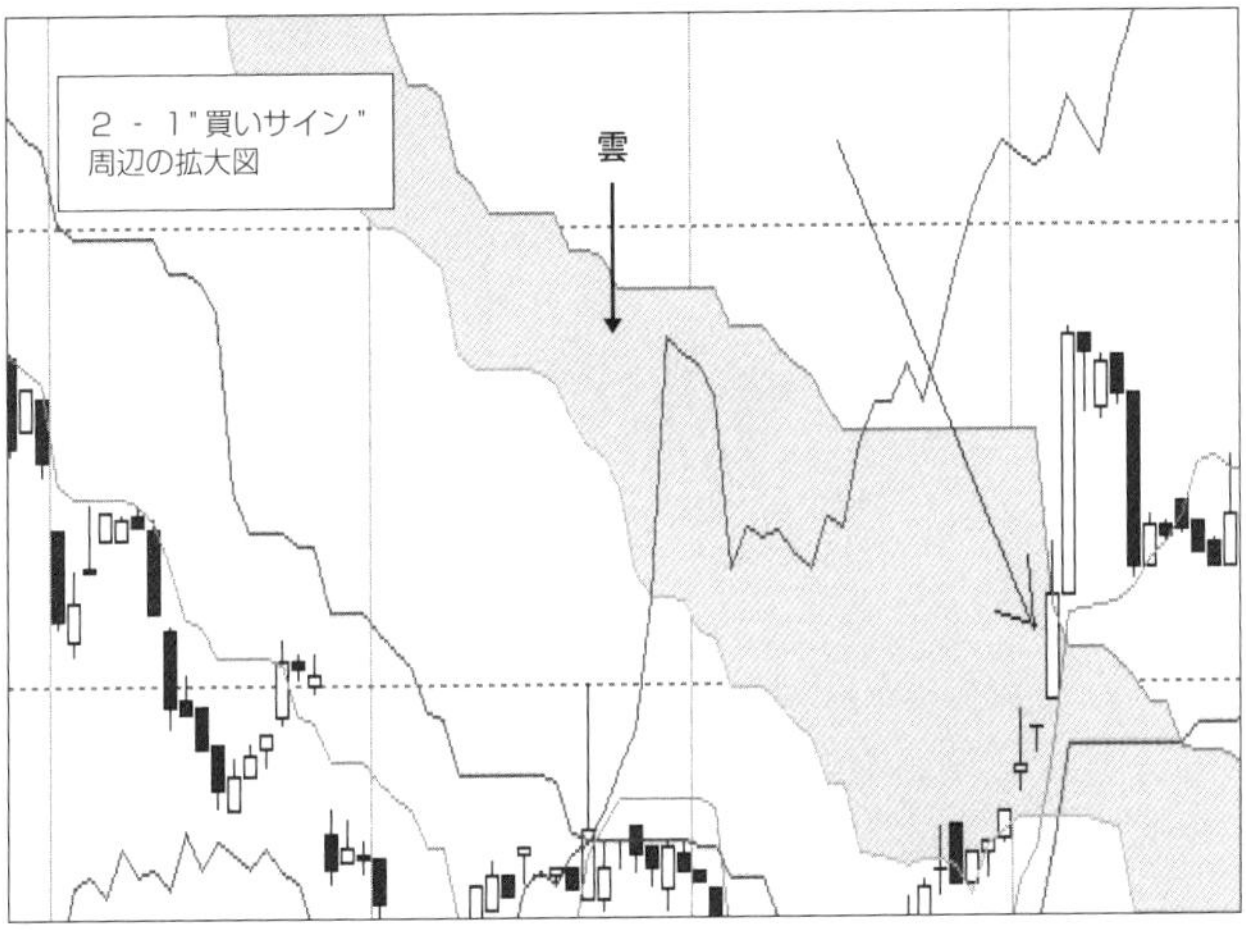

●2 - 3(2487 CDG・日足・2016.7～2017.2)

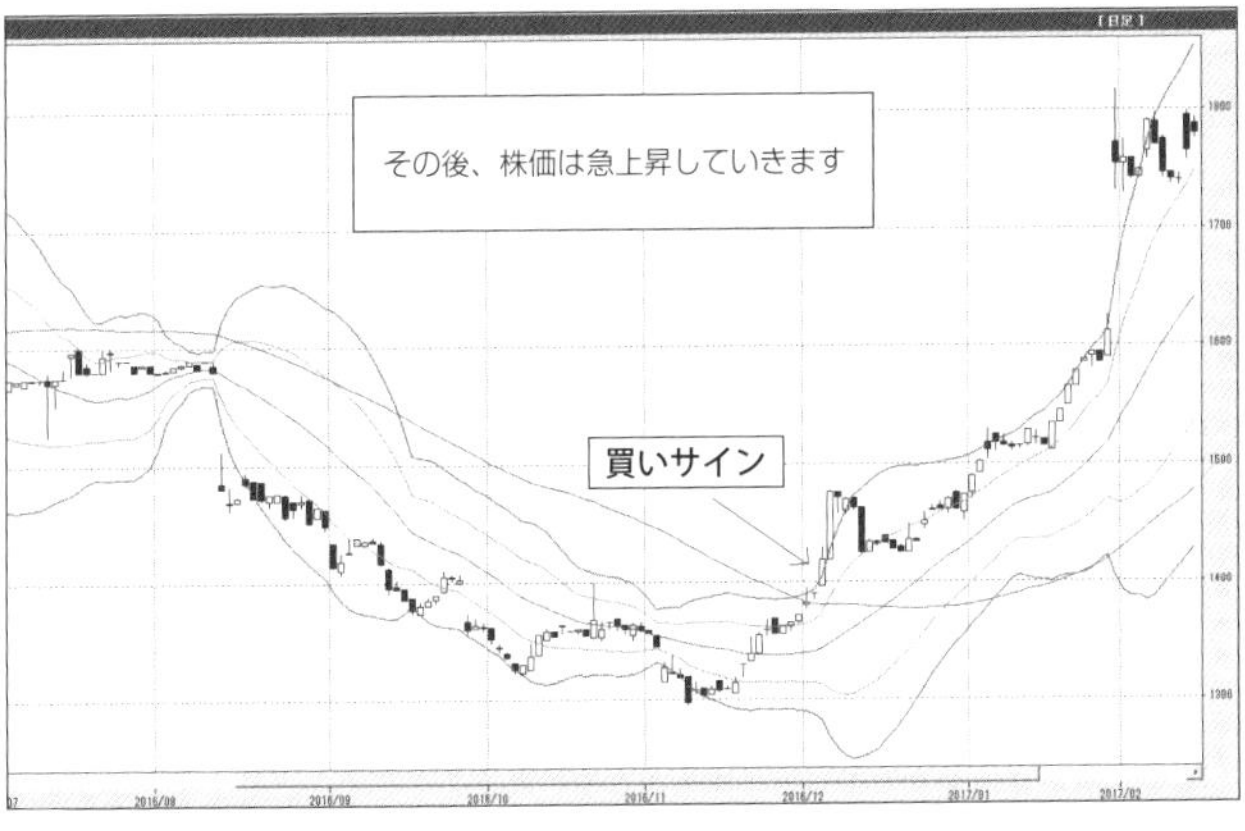

ゴールデン・パターン③

BB広がり×一目雲抜け×トレンド転換

接点が多いほどそのトレンドは正しい

3-1では、抵抗線を引いてみました。矢印の〝買いサイン〟のタイミングで、ろうそく足がこの抵抗線を上抜けていますね。これは前章でもご説明した通り、株価の下降トレンドが終わったというサインになります。

下降の抵抗線は高値と高値を結ぶものですが、2点だけを結んでトレンドを判断するのは危険です。ラインを引いてみて3点、4点と接点が出てくるよう

●3-1（3678 メディアドゥ・日足・2016.3～2017.3）

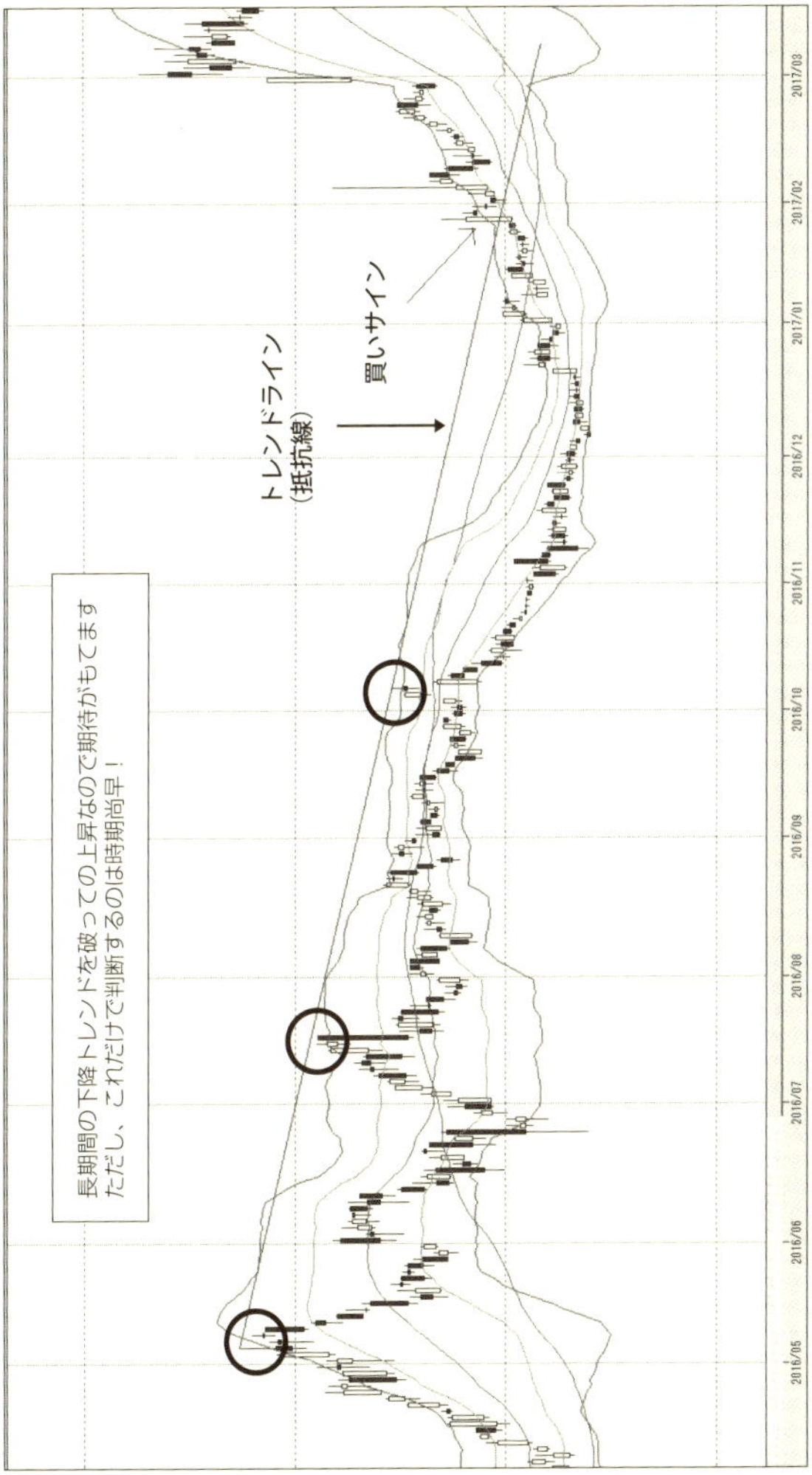

なら信憑性が増します。このラインを株価が上抜けた場合は抵抗を打ち破って値上がりしたわけですから、それまでの下降が終わり、他の条件が重なれば、上昇する可能性が出てきたと言えるでしょう。

3-2を見てください。3-1の〝買いサイン〟周辺のチャートを拡大したものです。その手前の陰線に比べて、ボリンジャーバンドが拡大しているのがわかります。株価が抵抗線を上抜いたのもよくわかりますね。

さらに、この箇所の一目均衡表を見てみると（3-3）、ろうそく足が雲を抜けたタイミングと重なります。

これも先ほどの組み合わせと同じように3つのサインが重なっているので、買うべきタイミングだということになります。

●3 - 2 (3678 メディアドゥ・日足・2016.11 ～ 2017.2)

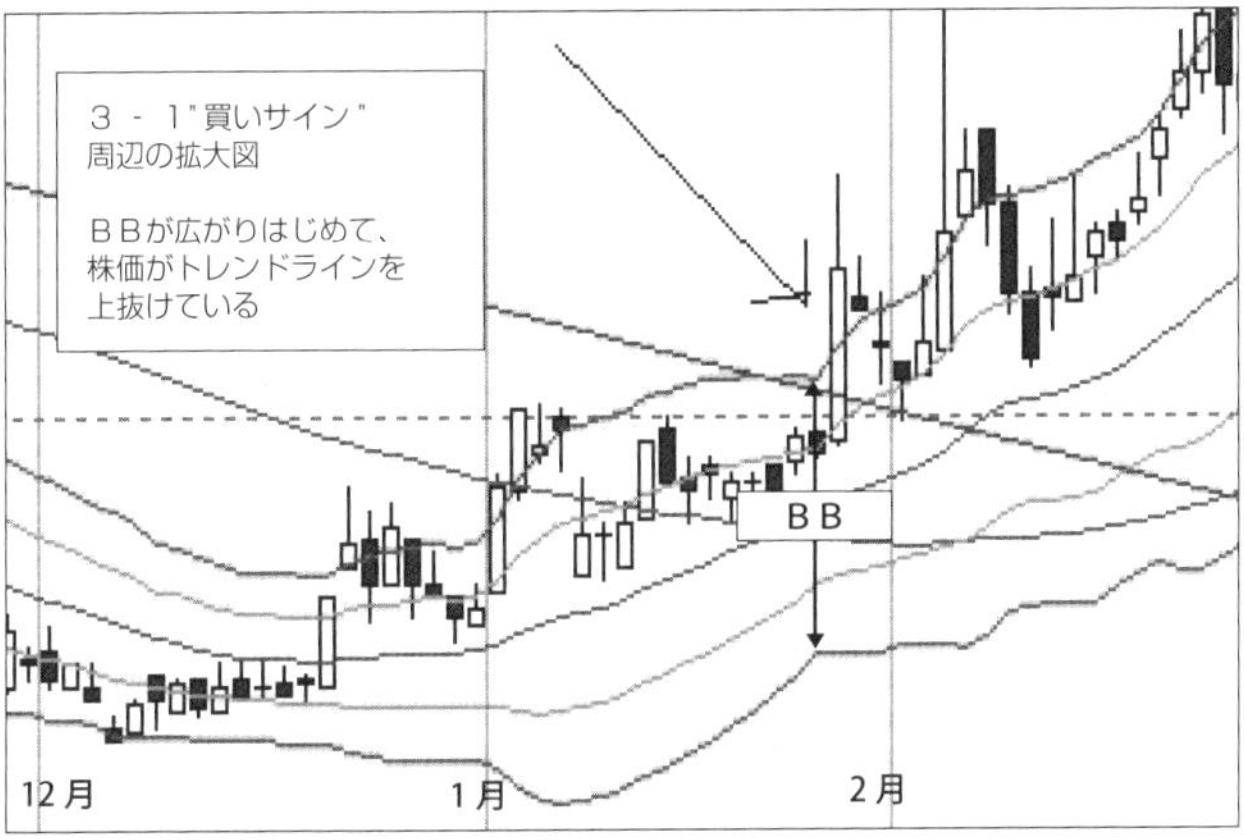
3 - 1"買いサイン"
周辺の拡大図
ＢＢが広がりはじめて、
株価がトレンドラインを
上抜けている
ＢＢ
12月
1月
2月

●3 - 3 (3678 メディアドゥ・日足・2016.11 ～ 2017.2)

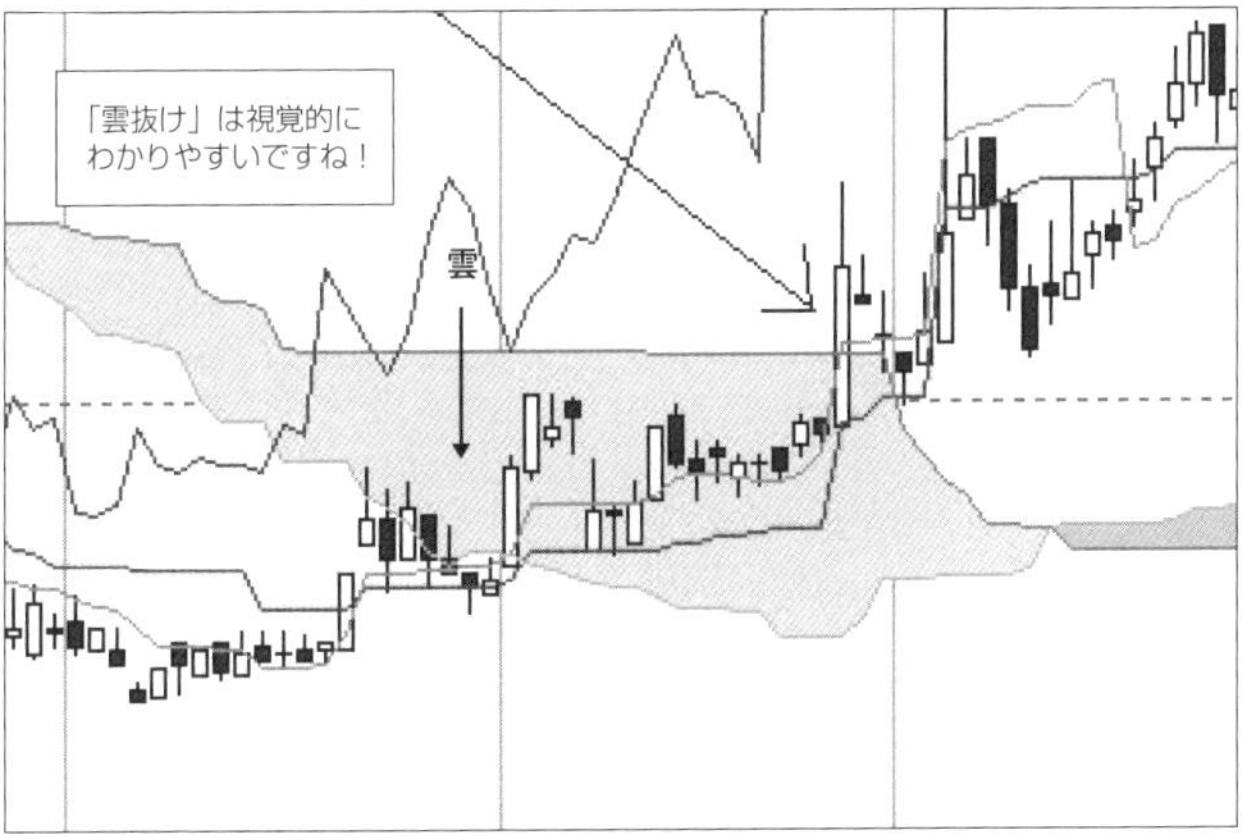
「雲抜け」は視覚的に
わかりやすいですね！
雲

ゴールデン・パターン④
一目雲抜け×一目遅行線抜け×トレンド転換

3つのサイン

ここでも、注目すべきはトレンドラインをろうそく足が上抜けた瞬間です。

4-1の右側の矢印の箇所ですね。このタイミングはろうそく足が遅行線（左側の矢印）、そして雲を上抜けたタイミングとも重なり、これで3つのサインがそろったことになります。その後、3月に入ると〝買いサイン〟時の1500円から1800円程度まで株価が上昇しています（4-2）。

●4-1（4346ネクシィーズグループ・日足・2016.9～2017.2）

●4-2（"買いサイン"後の株価の流れ）

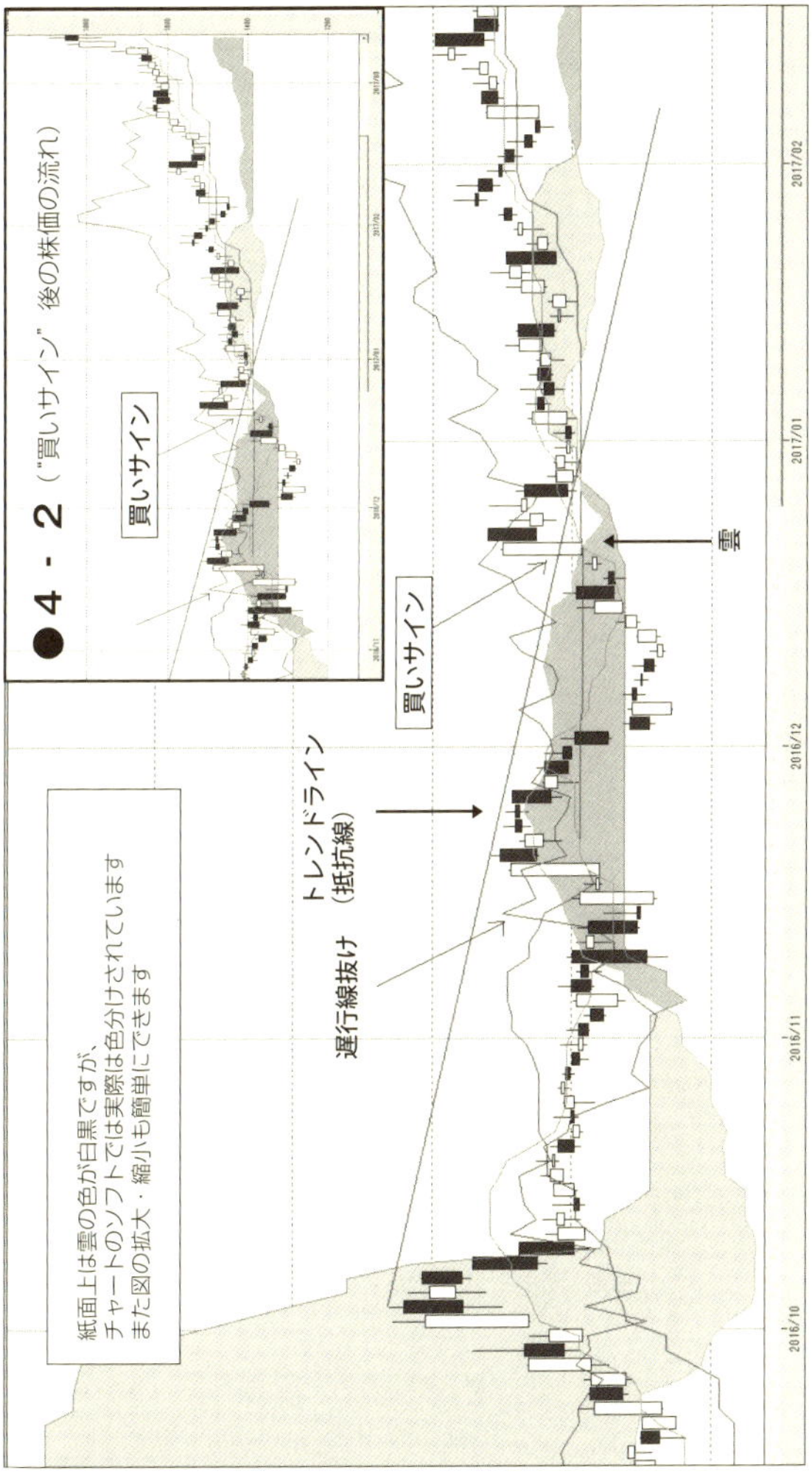

ゴールデン・パターン⑤

BB収束×一目遅行線抜け×転換線と基準線の好転

BB収束からの広がり

前章の買いパターン④（64〜66P）で言いましたが、ボリンジャーバンドで一番いい形は、狭い状態から急激に広がっていくものです。まさにその形を示しているのが、5-1の矢印の部分ですね。「買い」のポイントは広がりきってしまった後ではなく、ちょうど広がってきた瞬間です。この絶妙なタイミングをとらえた場所が、矢印の部分だということです。ろうそく足も、この日に＋2σの線を上抜けていますね。

●5-1（7508 G-7ホールディングス・日足・2016.7～2016.12）

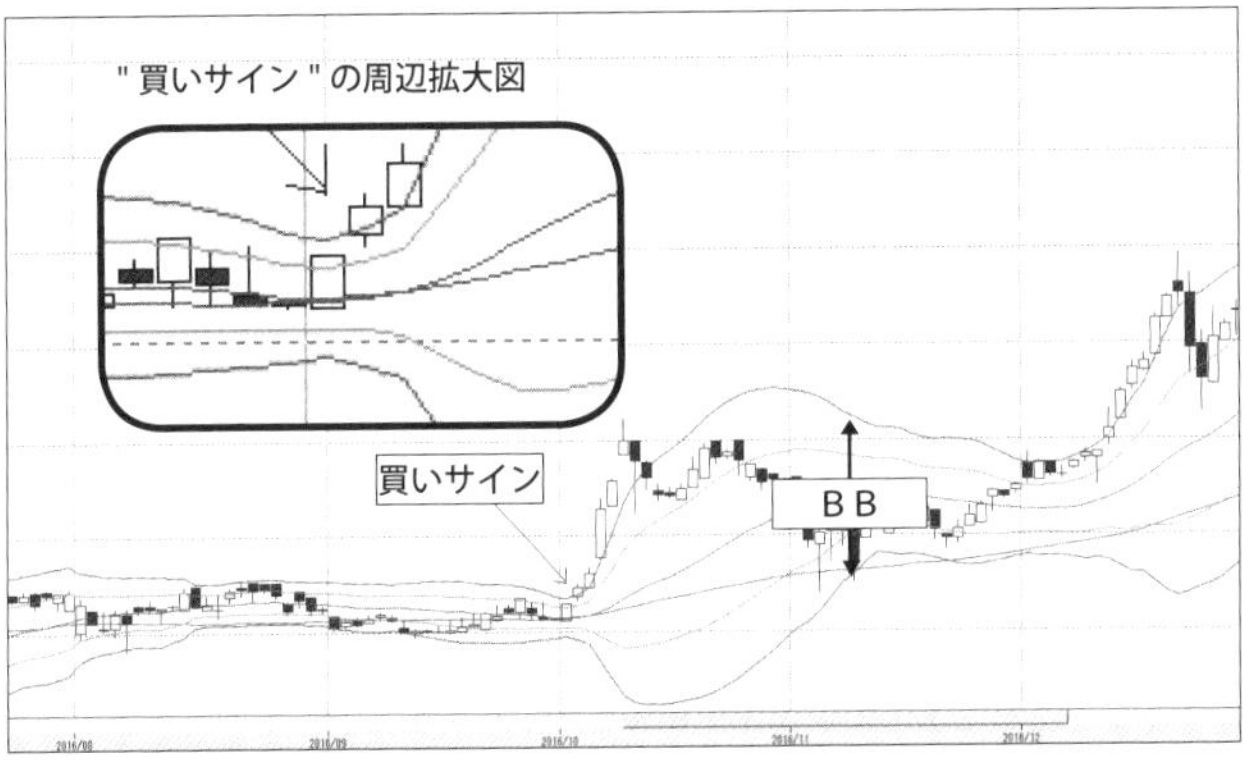

サインが「出てしまった後」ではなく「出はじめた瞬間」を狙うべきだというのは、ほかの指標にも当てはまります。

というのも、サインが「出てしまった後」の段階は、ほかのトレーダーの買いが殺到した後で、すでに株価が値上がりしてしまった後になることが多いからです。

この段階で気づいて買いを入れても、大きな利益は見込めません。大切なのは「出はじめた瞬間」にいち早くサインに気づき、大きく上がってしまう前にこれから上がる銘柄を買うことなのです。

●5 - 2（7508 G - 7ホールディングス・日足・2016.8～2016.10）

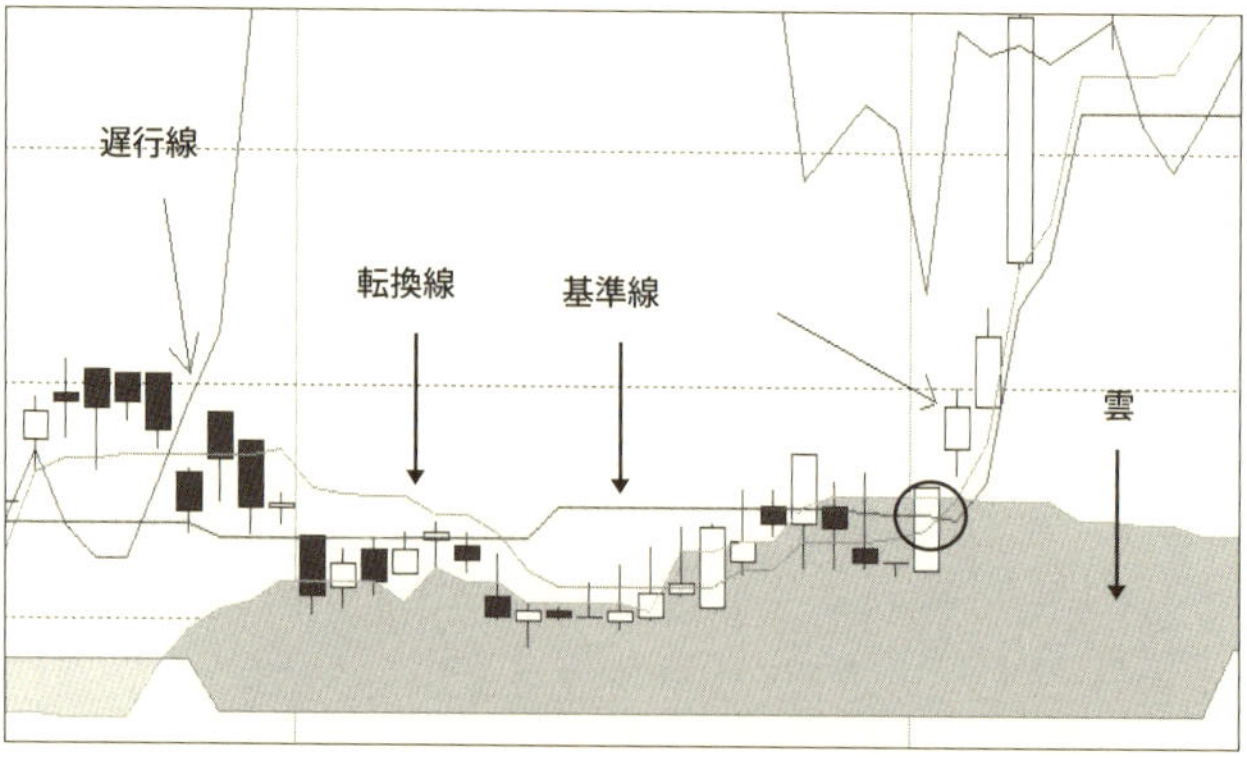

一目遅行線抜けと転換線と基準線の好転

ここで5 - 2の一目均衡表を見ると、遅行線がろうそく足を、転換線が基準線を上抜けているのがわかります。これは一目均衡表内で二つの「買いサイン」が出現したことになります。迷わず買いを入れるべきタイミングと言えるでしょう。

ゴールデン・パターン⑥
移動平均線×一目雲抜け×一目遅行線抜け

株価急騰のサイン

6-1をご覧ください。2017年3月に急騰しているこの銘柄。〝買いどき〟は株価が75日、25日の2つの移動平均線のすぐ上に来たときです。一目均衡表（6-2）でもろうそく足が雲を突き抜けています。この日に、遅行線がろうそく足を上抜けるサインも出ていますね。このように〝買いサイン〟が重なると、ダマされにくくなるのはもちろん、株価が急騰する可能性も高くなります。

●6 - 1（4355 ロングライフホールディング・日足・2017.2～2017.3）

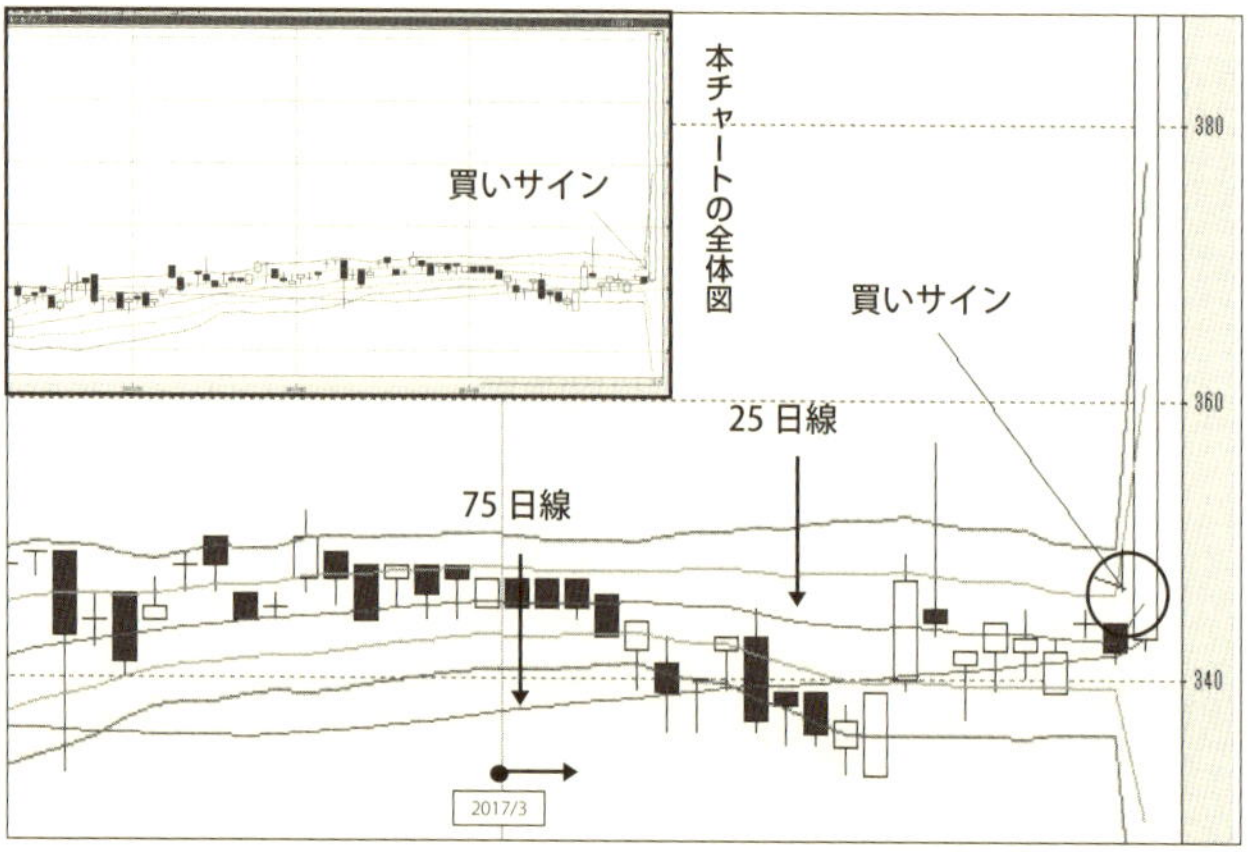

●6 - 2（4355 ロングライフホールディング・日足・2017.2～2017.3）

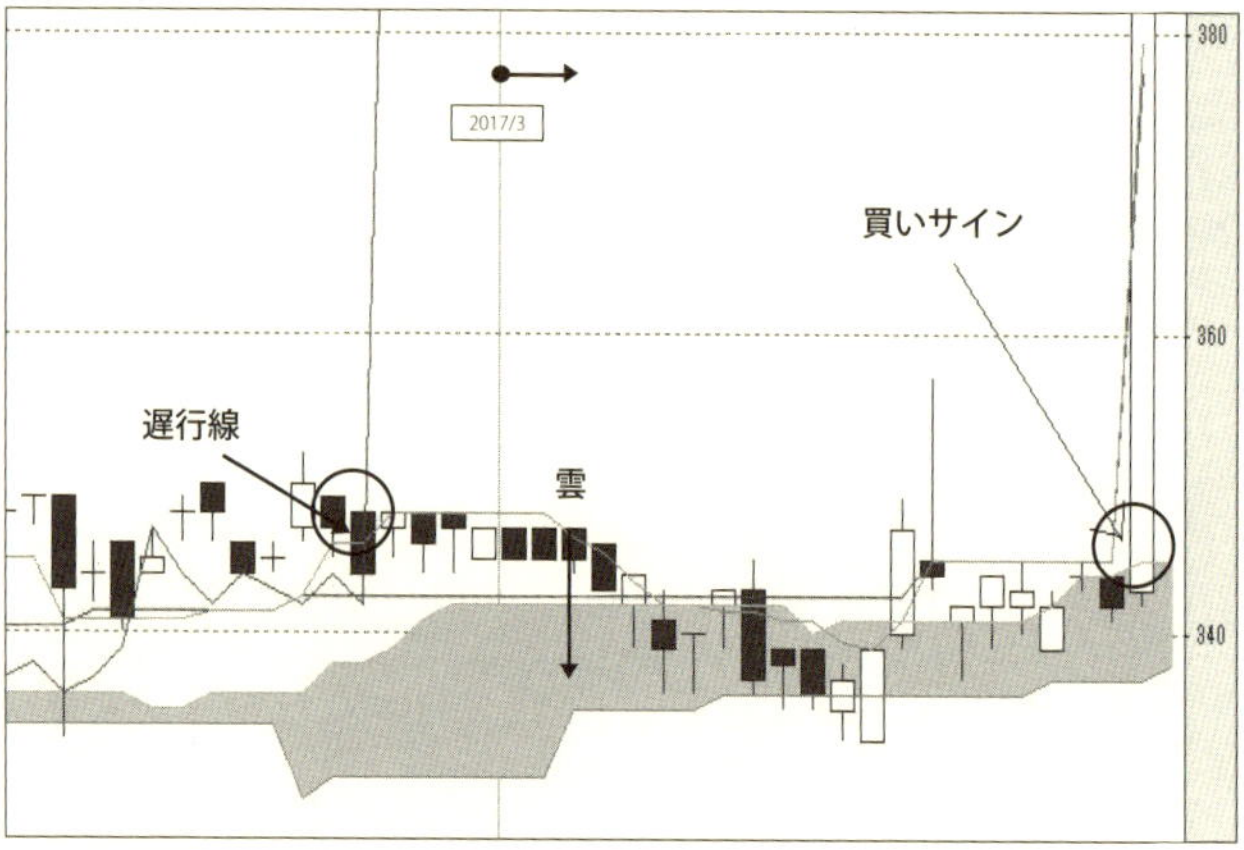

ゴールデン・パターン⑦
移動平均線×GC《ゴールデンクロス》×一目雲抜け

GCと移動平均線のWサイン

7-1の矢印の部分では、75日と25日の移動平均線がクロスを作っていますね。前章でもご説明した通り、これは「ゴールデンクロス」と呼ばれる「買い」のサインです。このとき株価は2つの移動平均線のすぐ上にありますから、信憑性はより強くなります。

ですので、ゴールデンクロスができていても、株価が移動平均線のすぐ上になく移動平均線から大きく離れている場合は〝ダマシ〟の可能性もあり、要注

●7-1（3679 じげん・日足・2017.1～2017.3）

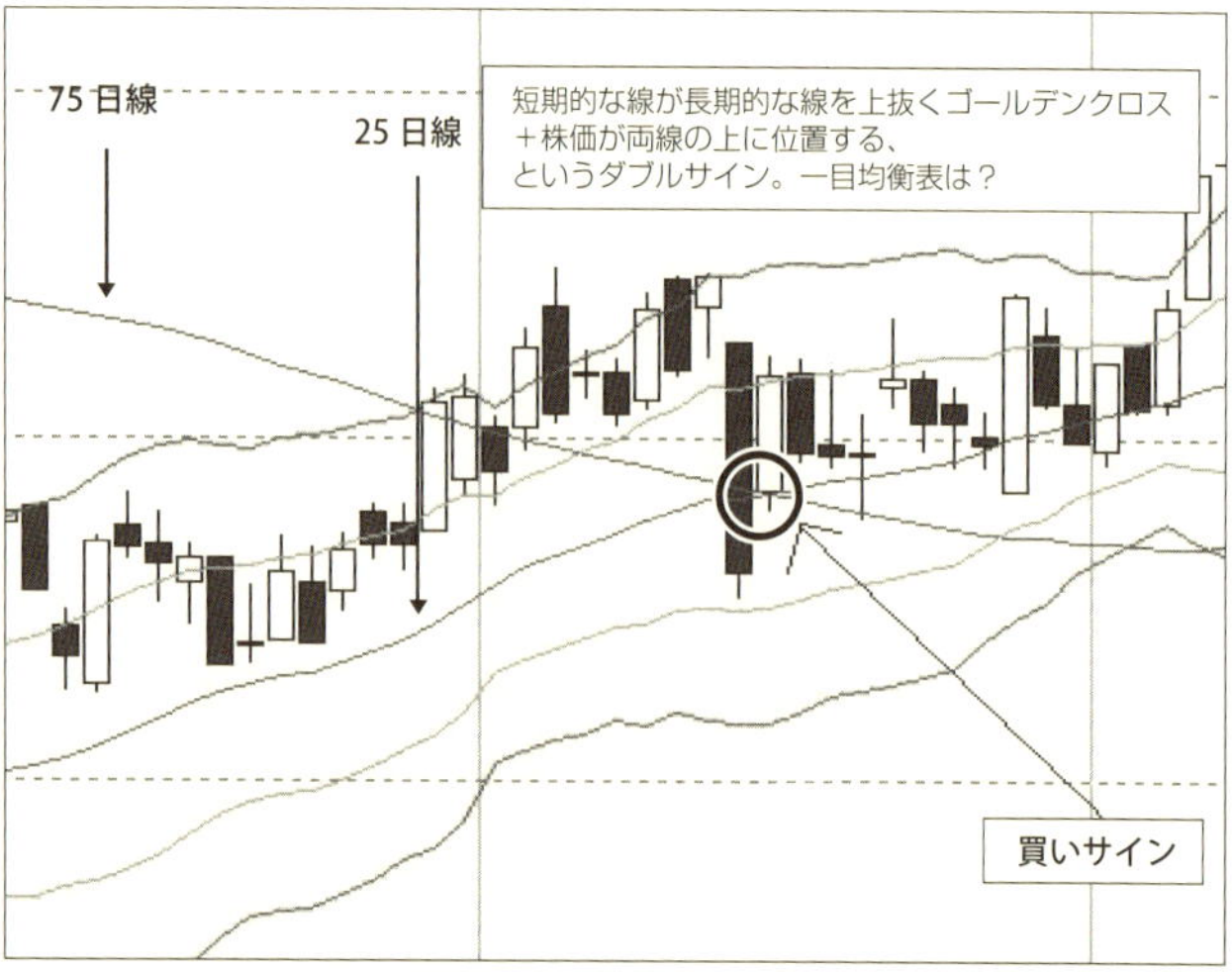
75日線
25日線
短期的な線が長期的な線を上抜くゴールデンクロス
＋株価が両線の上に位置する、
というダブルサイン。一目均衡表は？
買いサイン

意です。このタイミングではすでに株価は上がりきって高値になってしまっていることが多いからです（58P）。

7-2の一目均衡表を見ると、これより少し前のタイミングにはなりますが、ろうそく足が陽線で雲を突き抜けて、上昇トレンドに入ろうとしています。しかしここではまだゴールデンクロスになってないので、ゴールデンクロスのタイミングを待って買いを入れましょう。

●7-2（3679 じげん・日足・2017.1～2017.3）

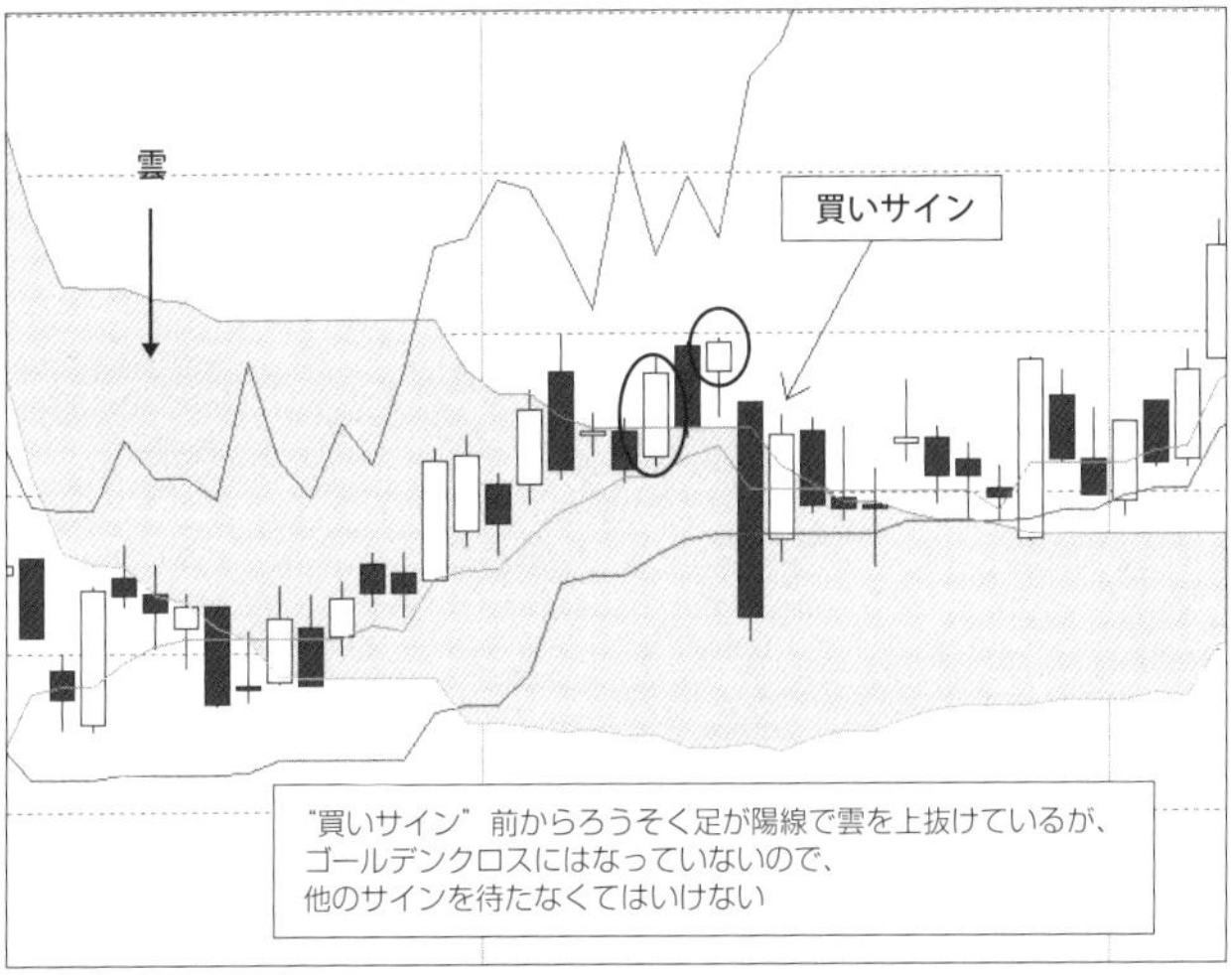
雲
買いサイン
"買いサイン" 前からろうそく足が陽線で雲を上抜けているが、
ゴールデンクロスにはなっていないので、
他のサインを待たなくてはいけない

●7-3（本チャートの全体図）

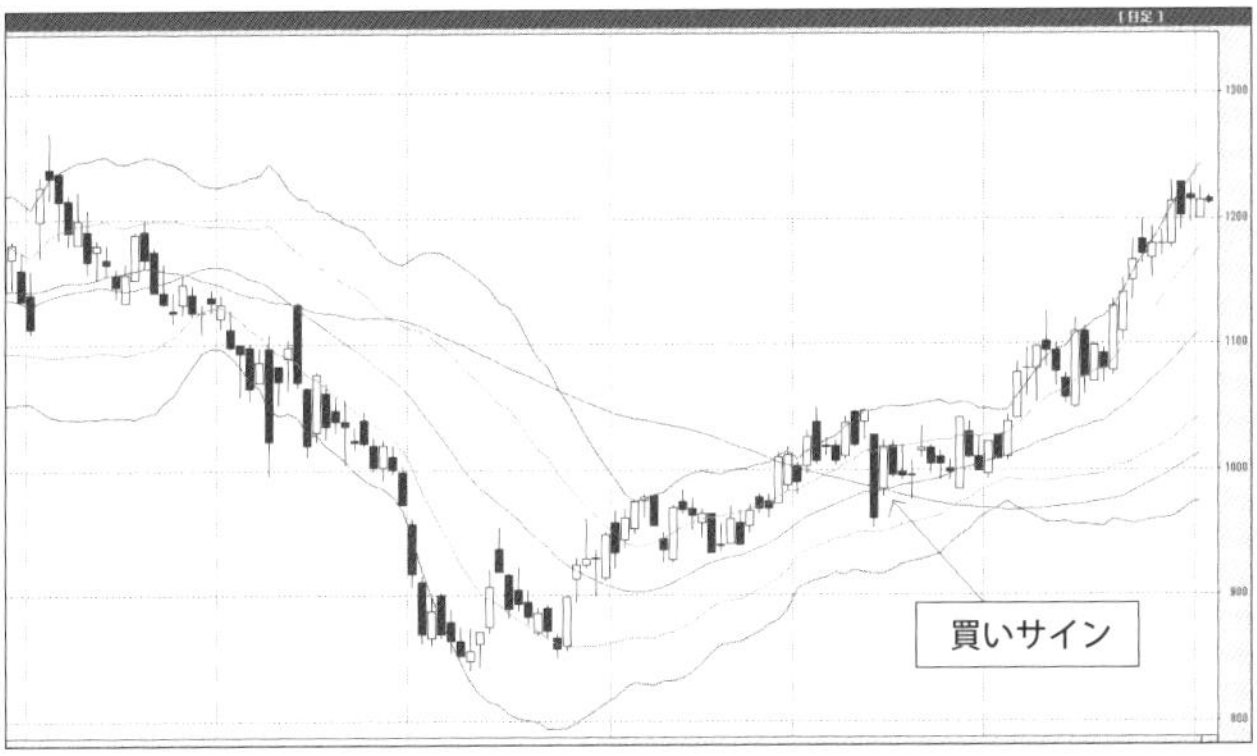
買いサイン

ゴールデン・パターン⑧

移動平均線×三段下げ×トレンド転換

三段下げの直後を狙う

3つの山で下がったら、次は3つの山で上がるという「三段高下」の指標。8-1でもその「三段下げ」が起きています。

最初の高値は2015年11月（山①）で、そこから2016年1月（底①）の安値をもってひと山目が終わります。そこから2016年2月（山②）に再び値上がりし、4月（底②）にまた値下がりしていますね。これがふた山目です。その後5月に値を戻して（山③）、6月末の下ヒゲ陰線（底③）でまた値を下げ

●8-1（2388ウェッジホールディングス・日足・2015.10～2016.7）

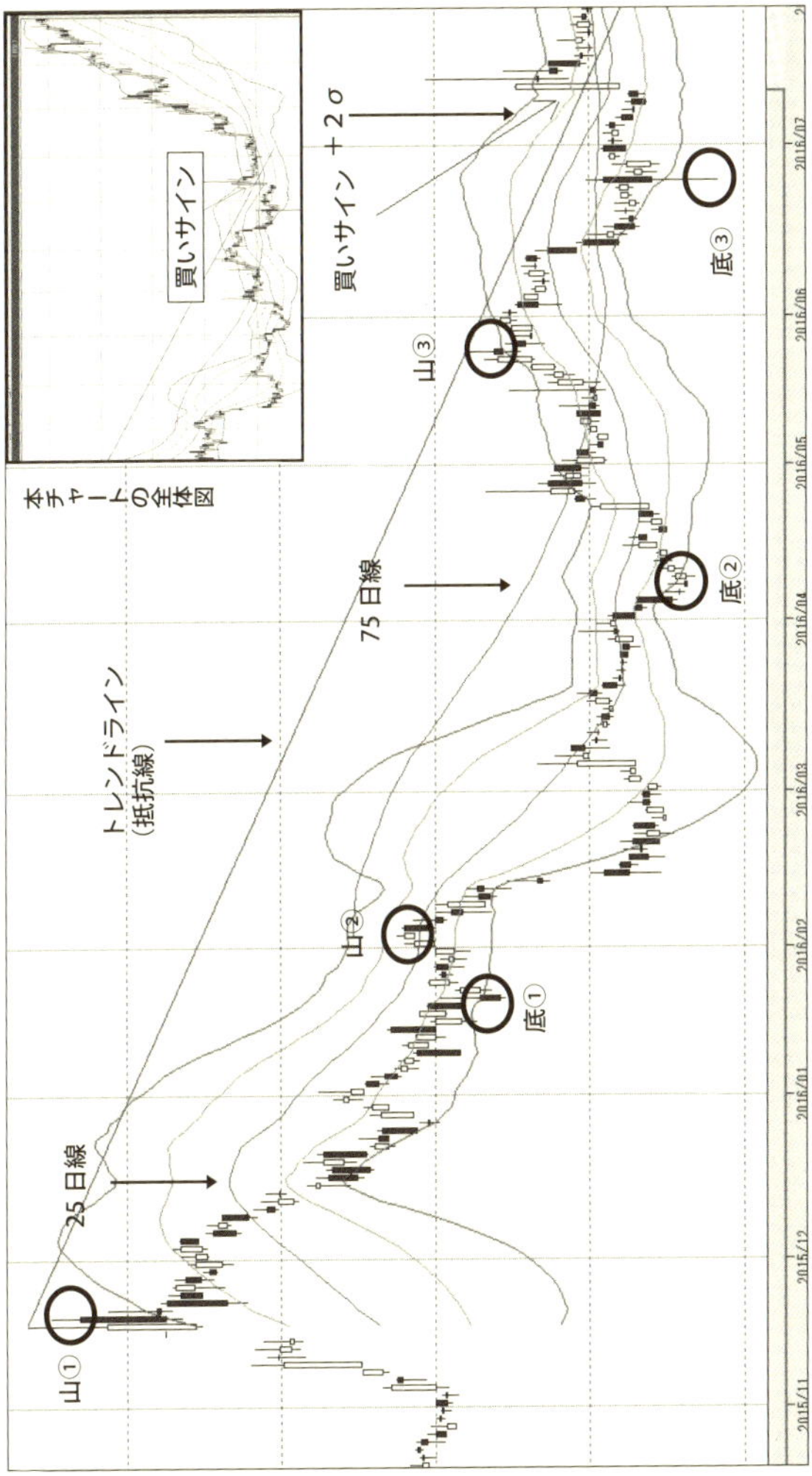

ます。これで最後の山が終了ということになります。

今回のチャートは「これは三段下げではなく四段下げだ」という人もいるかと思いますが、いずれにせよ、３つ目、４つ目の山に差し掛かれば「下降トレンドの終わりが近づいている」ということは、間違いなく言えると思います。

そして、最後の山が収まって次の値上がりの山が来はじめたときが〝買いどき〟ということになります。８-１で言えば、矢印のタイミングですね。この位置は75日線と25日線の上で、ろうそく足がトレンドラインを上抜けてもいます。〝買いサイン〟後、株価は上昇していきます。

ゴールデン・パターン⑨
一目雲抜け×一目遅行線抜け×転換線と基準線の好転

キレイな大陽線

一目均衡表の〝最強サイン〟と言っても過言ではない「三役好転」。転換線が基準線を、遅行線がろうそく足を、ろうそく足が雲を上抜けるサインを指しますが、9-1の右の矢印のタイミングで、これが起きています。この日からキレイな大陽線が並び、株価がグングンと上昇していっているのがわかります。この短い「買い」のタイミングを逃さないことが、トレードで稼ぐためのコツなのです。

●9 - 1（2173 博展・日足・2016.12～2017.2）

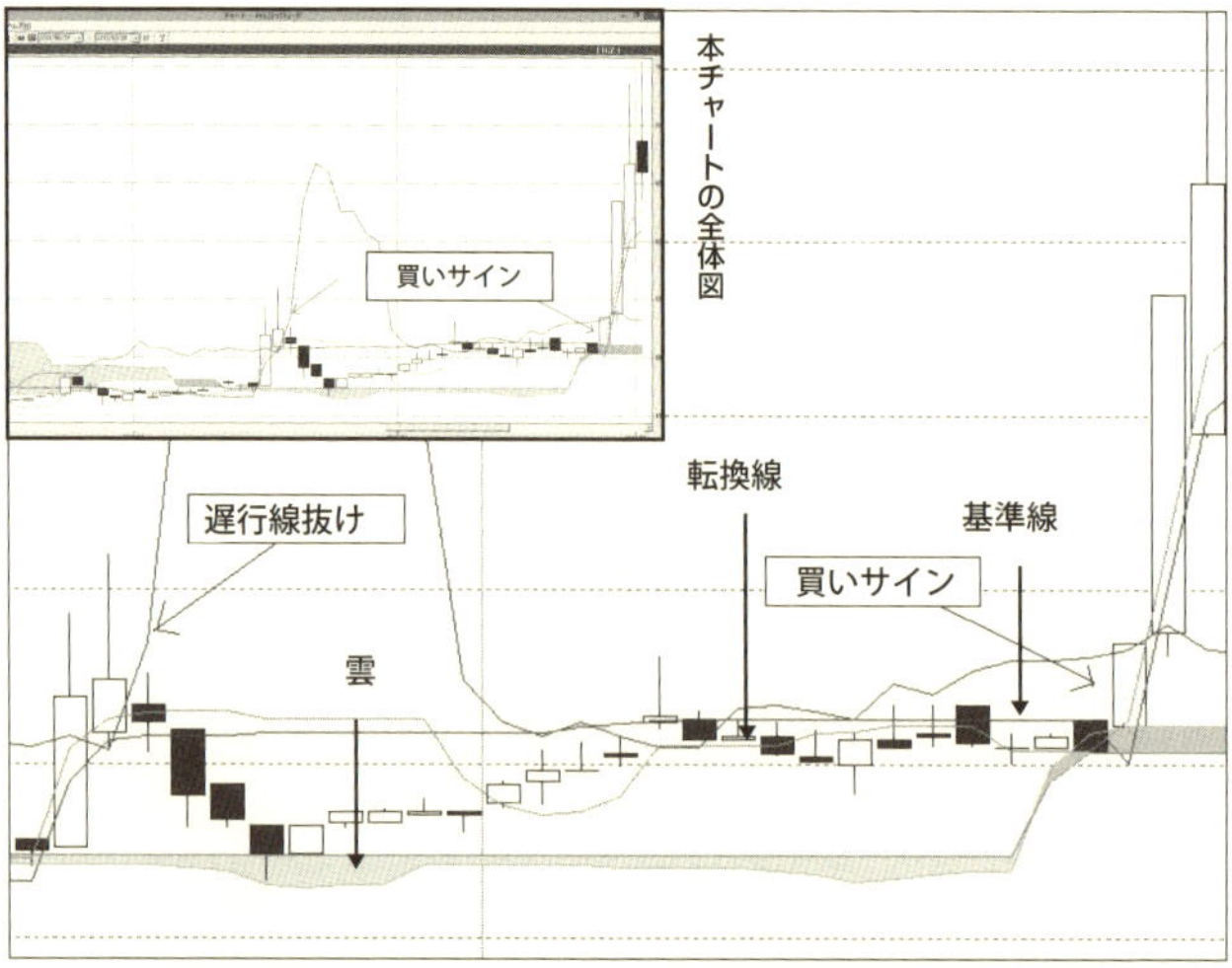
本チャートの全体図
買いサイン
遅行線抜け
転換線
基準線
買いサイン
雲

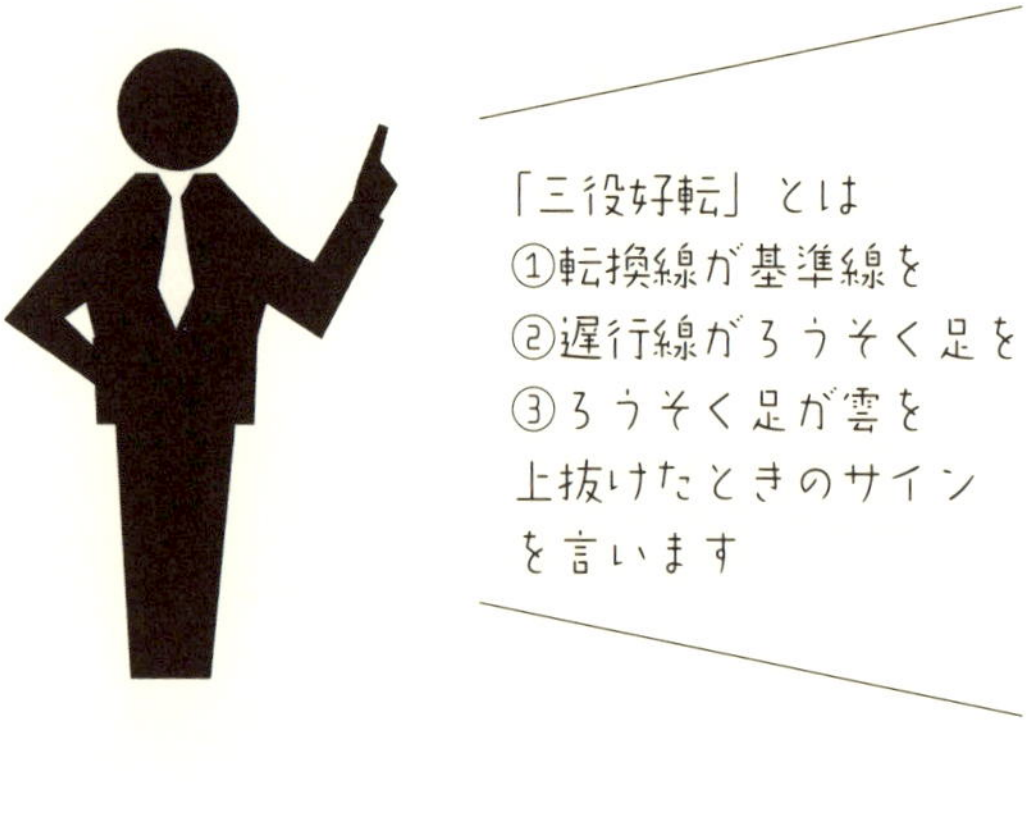
「三役好転」とは
①転換線が基準線を
②遅行線がろうそく足を
③ろうそく足が雲を
上抜けたときのサイン
を言います

ゴールデン・パターン⑩
移動平均線×GC《ゴールデンクロス》×三段下げ

組み合わせ指標の目安は3つ

10-1を見てください。25日、75日移動平均線の「ゴールデンクロス」と「三段下げ」の組み合わせがこちらです。2016年7月の上ヒゲ（山①）から8月末の陰線（底①）までが1段目の「下げ」です。そして9月の上ヒゲ（山②）から10月の下ヒゲ（底②）までが二段目、11月の陽線（山③）から陰線（底③）までが三段目です。

三段下げが完了して次からは上昇トレンドに入るというときに2つの移動平均線がゴールデンクロスしたので、ここが〝買いどき〟だということです。1

つのサインだけが出ても焦らずに、2つ、3つと重なるのを待つことが大切です。矢印のあと株価は、「三段上げ」で回復していきます。

それぞれの指標に「この指標はあまり信頼できない」「この指標は1つだけで信憑性がある」というような強弱をつけるというよりは、基本的に同じウエイトで考えてもらったほうがいいでしょう。だからこそ、1つや2つくらいの重なりでは信憑性のある「買い」サインとは言えないのです。それは、私が一目均衡表で強いサインと思っている「三役好転」でも同じことがいえます。

もちろん重なる指標の数は多いに越したことはないのですが、十数カ所も重なるタイミングは稀少《きしょう》で、条件をしぼりすぎると買ってもいいときに買えなくなってしまうかもしれません。「トレード機会が少なくなっても、高パフォーマンスを狙うのか」「トレード機会が多いが、低パフォーマンスでよいのか」「どこまで指標を重ねていくか」臨機応変に対応しましょう。

●10 - 1（8925 アルデプロ・日足・2016.7～2016.12）

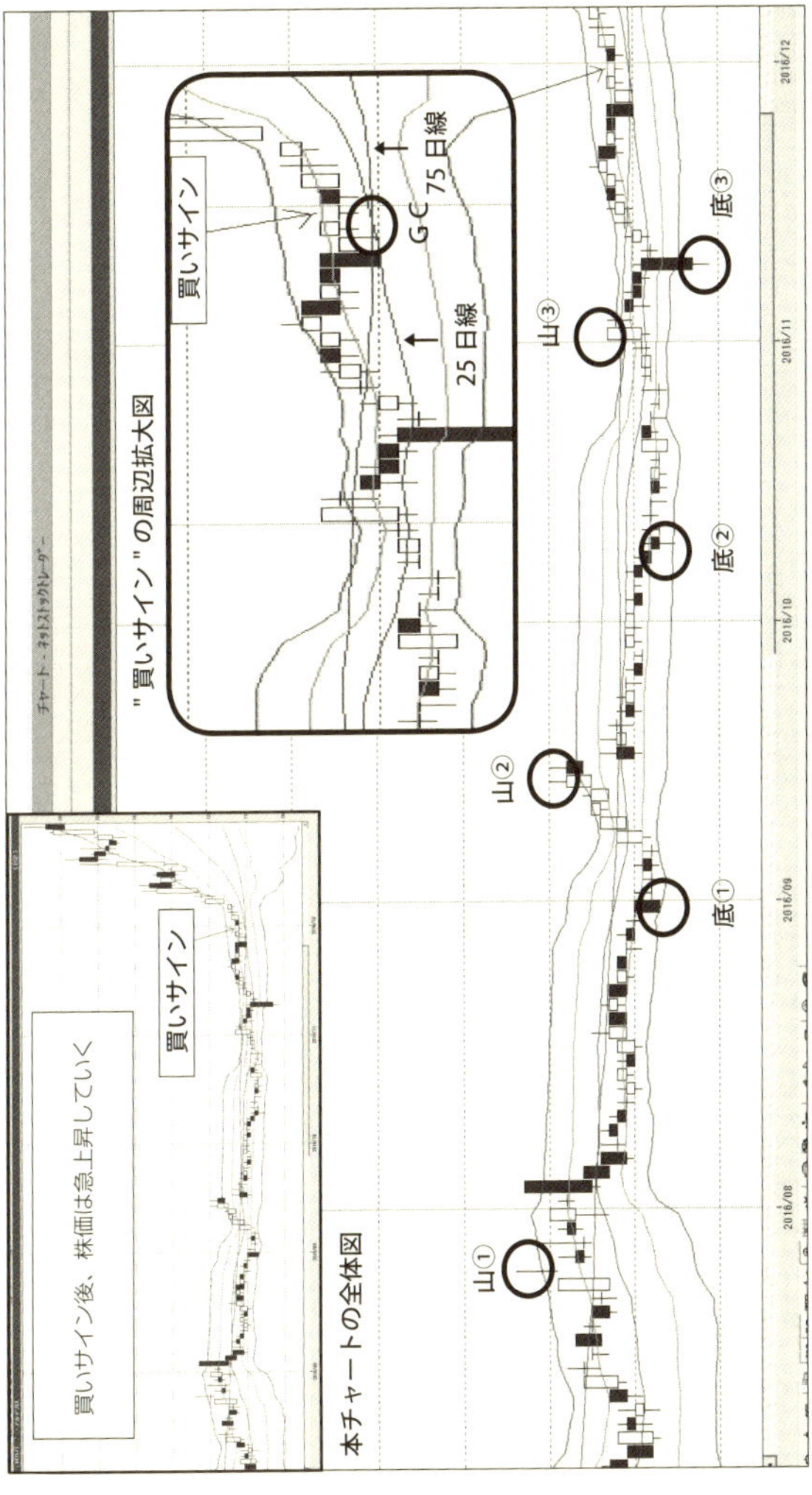

ゴールデン・パターン⑪
BB収束×一目遅行線抜け×三段下げ

三段上げの二つ目の山

「せまいボリンジャーバンドが急激に広がるのはよいサイン」と説明しましたが、11-1でも同じような形がありますね。ちょうどこのタイミングでろうそく足が+2σを上抜けているのも、いいサインです。

それ以前のチャートの動きをよく見ると、この位置は「三段高下」の「上げ」の二つ目の山にも該当します。9月の細かい上げ下げで「上げ」の一段目を終え、次は二段目に入るところだというわけです。

●11-1（5302日本カーボン・日足・2016.3～2016.11）

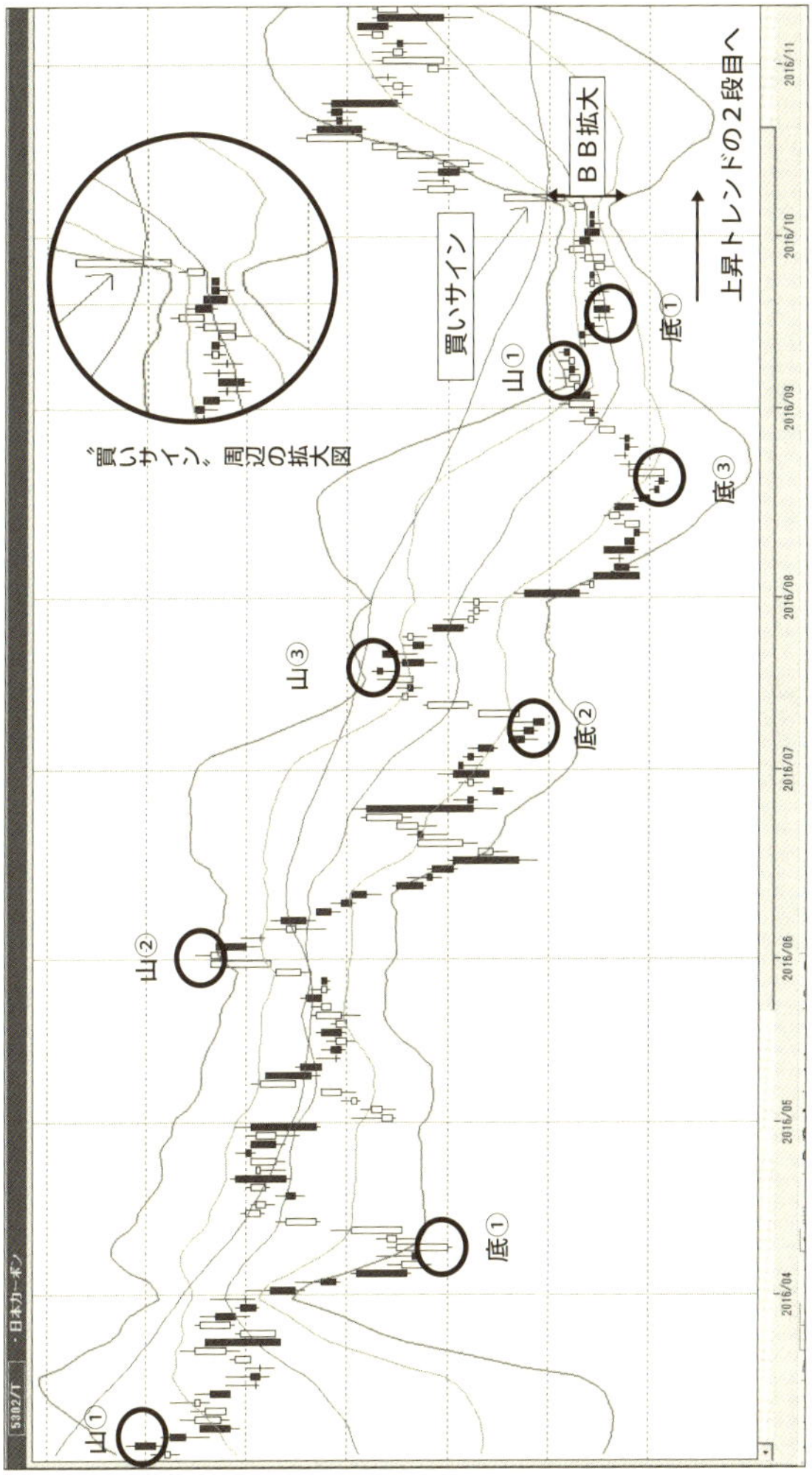

●11 - 2（5302 日本カーボン・日足・2016.8～2016.10）

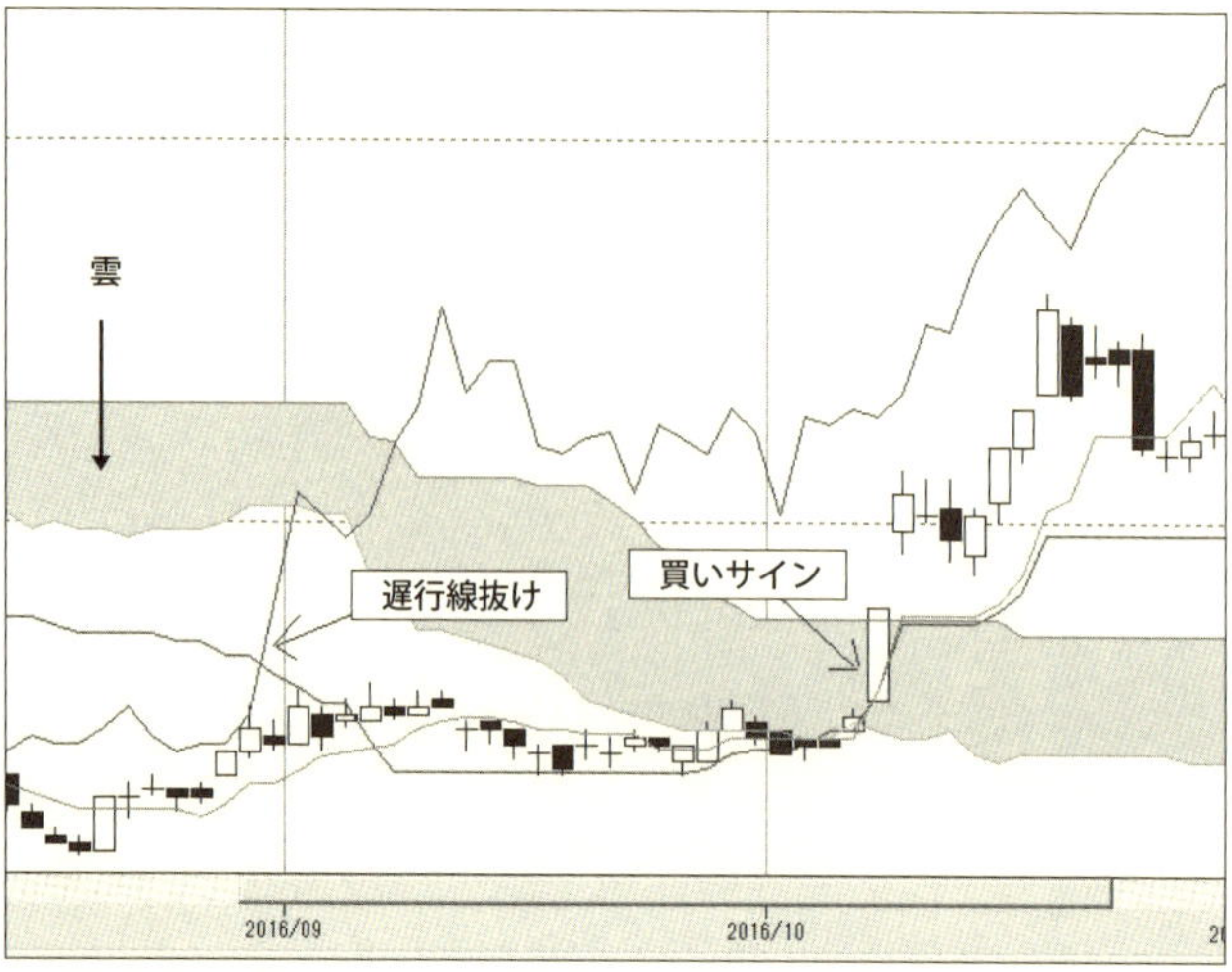

下降トレンドは、2016年3月の高値（山①）から4月の安値（底①）までで一段目、6月の頭の高値（山②）から7月の安値（底②）までで二段目、7月中旬に山（山③）をつけ、8月中旬の安値（底③）までで三段目ということで終了。

〝買いサイン〟周辺を拡大した一目均衡表（11 - 2）を見ると、ちょうど遅行線がろうそく足を上抜けたタイミング（左側の矢印）と重なります。ついでに言うと、〝買いサイン〟当日のろうそく足の終値が雲を突き抜けていますね（右側の矢印）。

見方としては、三段下げの最後の波が終わるのを見届けて、「ボリンジャーバンドが収束して広がりはじめる」「遅行線がろうそく足を上抜ける」などのサインが重なるのを待つ感じです。

必ず3つ以上のサインが重なってから「買い」の判断をするようにしましょう。

三段下げが終わったあと
「残り2つのサイン」を
待てるようにしてください

column Ⅱ

スマホでチャート分析をしてはいけない

スマホではささいな形の変化を捉えられない

いまやほとんどの人が持っているというくらいスマートフォンが普及していますから、これを使ってチャート分析をしようとする人も多いかと思います。でも、しっかりとチャート分析をしてトレードで稼ぎたいなら、これはやめたほうがいい習慣です。

チャート分析で大事なのは、チャートの形を細かく見ることです。スマートフォンの画面では、チャートが小さすぎたり、全体像が捉えられないことも多く、こうしたささいな形の変化を見逃してしまったり、見間違えたりする可能性が高まります。

もちろん、取引時間中の値動きチェックや注文出しをスマートフォンですることはまったく問題ありません。ただし、チャート分析については、必ずパソコンで行いましょう。

日足チャート閲覧は半年期間で

チャート分析に使うパソコンは、できるだけ大きな画面のものがいいでしょう。トレーダーというと複数の画面をズラッと配置して眺めているイメージがあるかもしれませんが、これはデイトレーダーや最上級クラスのトレーダーになってからのものです。最初はたくさんの画面で見る必要はありません。まずは大きな画面で、細かい所を見逃さないことが大切なのです。

このとき、チャートを表示する期間は決めておきましょう。日足の場合、お勧めは半年間で設定することです。半年間のチャートを見ていると、直近の高値と安値がほぼ分かるからです。

もちろんこれは日足の話なので、週足や月足だともっと長い期間で設定する必要がありますね。

第4章

株で死ぬまで継続的に稼ぐために

株で稼ぐのに大切なのは、一時的に大儲けすることではありません。たとえ金額は少なくても、毎月コンスタントにお金が入るシステムを自分の中に作ることのほうが、よほど重要です。この章では、そのために必要な、心がまえをお伝えします。ノウハウだけでは稼げないことを知りましょう。

残りの人生を株とともに暮らそう

「毎月10万円」を着実に稼ぐ

株をはじめたからには、数千万単位、いや、数億単位のお金をドカーンと手に入れたい。そんな野望をお持ちの方もいらっしゃるでしょう。でも、長期的にみると、その考えはあぶないかもしれません。ドカーンと手に入れた儲けは、同じようにドカーンと損失を呼ぶことも、少なくないからです。

それに、それだけ大きな儲けは、狙って出せるものではありません。プロ野球のホームラン王でも、ホームランを狙って連発させることはなかなかできないのと同じことです。それよりも大切なのは、狙ってヒットを打てるようになることです。

〝ドカーン〟はボーナス

たとえば、毎月10万円の利益でも、年間でみると１２０万円の利益です。10年で１２００万円、30年で３６００万円のお金がきっちり手元に残っていくと考えると、毎月10万円の利益でもけっしてバカにはできない金額です。

ホームランを狙うより
ヒットを確実に
打てるようにする

もちろん、コツコツ続けているなかでドカーンと当たることもあるでしょう。それはそれで、ボーナスとしてとっておけばいいんです。ダメなのは、毎回毎回の取引で大きい儲けばかり狙っていこうとすることです。これは無理なことで、なかなか思い通りにいかず、モチベーションも下がってしまいます。

ホームラン的な大きな利益は、あくまでも「日々のコツコツとした稼ぎの延長線上にあるもの」だと考えておく。これが株で稼ぎ続けるために、とても大切な心がまえです。ちなみに月利10％程度が再現性のある数字だと思ってますので、月収10万円を稼ぐためには、元手としては約１００万円が目安です。

Point

ホームラン的な利益は、ヒットの延長にあると知る

トレードを生活の一部にする

10万円でもいいから、まずは始める

株の未経験者や初心者の方の中には「株はコワい」というイメージをもっている人が、まだまだ多いと思います。たしかに株は貯蓄ではなく投資ですから、負けるリスクはあります。株に恐怖心をいだく人は、このリスクを過大にとらえすぎているのでしょう。

最初から何百万何千万円と投資しなくてもいいんです。１００万円でも50万円でもいい、もっと言えば数万円数千円からでもはじめられるのが株の世界で

す。そういうふうに無理のない金額からはじめてしっかりとリスク管理をすれば、大負けすることはほとんどありません。

株の取引は経済や資金管理の勉強にもなります。リスク管理の方法を学ばずにただただ「株はコワい」と思い込むのは、すごくもったいないことです。普通の人が株をするのが当たり前の世の中になって、みんなが「今日はいい天気ですね」と天気の話をするのと同じように「今日はいい相場です

ね」なんて挨拶できる社会になればいいなあと思っています。

今は100株単位で買える

今では100株単位で売買できるものが多くなりましたが、私はすべての株が10株単位や1株単位になってもいいと思っています。1000円の株を1株買って利益が10パーセント取れたら、手数料を抜きにすれば100円の稼ぎになりますよね。金額は少ないですが、「株取引の感覚をつかむ」という意味では、はじめはこれでもいいと思いますし、これであれば資金の少ない人でも株ができるようになると思います。

Point

まずは少額で株を買って、株取引の感覚をつかむ

株はノウハウだけでは勝てない

株は「心」「技」「財」が大切

私が運営するスクールで、生徒さんによくされる質問が「どういう銘柄を買えばいいのですか？」「稼げる分析方法を教えてください」というものです。ほとんどこのような質問で、ノウハウだけを知りたがるのです。でも残念ながら、ノウハウだけを知ったからと言って、株で稼げるようにはなりません。

もちろん、表面的なやり方だけを教えることはできるのですが、大切なのはノウハウの裏にある思考法や行動パターンです。このことを理解せずに、ノウハウの部分だけを聞いて株を分かったつもりになる人が、後を絶ちません。

私は、株で稼ぎ続けるには「心」「技」「財」の3つの要素が必要だと考えています。すでに稼いでいる誰かから「技」の部分だけ聞いても、それはただの知識、根本的に使えるものにはなっていないのです。

資金の部分、つまり「財」については、意外に持っている人が多いでしょう。コツコツ貯蓄をしたり、退職金が入ったりすれば、まとまった資金はそれほど苦労せずに手に入るものです。

しかし、それらを株でふやそうとしたときに「心」「技」が十分に備わっていない状態だと、いとも簡単に落とし穴にはまってしまいます。「技」は多くの人が意識して身につけようとするものですが、「心」はおろそかになりやすい傾向にあります。

さらにやっかいなのが、この「心」「技」「財」は足し算ではなく、掛け算で成り立っているということです。

「心」＋「技」＋「財」ではなく、「心」×「技」×「財」なのです。

「技」が１００あったとしても、「心」がゼロであれば１００×０＝０となり意味がないのです。株で継続的に稼ぐことを目指すなら、３つの要素をバランスよくアップさせるように意識しましょう。

Point

○ 心×技×財　×　心＋技＋財

トレードをルーチン化しよう

自分なりのルールを立てることが大切

突然ですが、トレード経験者に聞きます。あなたは株を買ったり売ったりするときに悩むほうですか？　悩まない方ですか？　もしYESなら、考え方自体に改善の余地アリかもしれません。なぜなら、株のトレードは行動をパターン化すればするほど、悩むことなく効率よく稼ぐことができるものだからです。

その場その場で「どうしようかなあ」と考えるのではなく、あらかじめ「こうなったらこうしよう」というシナリオを決めておくほうがいいということですね。

そのためには、まずトレードを日課にするのはどうでしょう。「夜の9時から9時半までは銘柄探し、9時半から10時までは発注の時間」というふうに、毎日の日課として組み込んでしまいましょう。そして、その時間はメールがあっても返信しない。電話がかかってきても出ない。突発的な用事が入っても、できるだけ対応しないのが得策です。

「冷静さ」はルーチン化で手に入れる

このときに大切なのは、あくまで「ルーチン化する」ということです。15〜30分しか時間が取れない人はそれでもまったく問題ありませんし、2時間取れるという人はそれだけやればいいと思います。こうして意識しなくても続けられるという状態をつくれれば、自然と稼ぐ力も身についていきます。

同じように、トレードの流れもルーチン化してみてください。銘柄は「こうやって選び、こうやって買い、こうやって売るんだ」という自分なりのルールを決めておくのです。そうするとあとはそれを淡々とこなすだけなので、その日の気分や突発的に入ってきたニュースに左右されて、間違った判断をしなくてすみます。

またトレードの流れをルーチン化すると、余計なストレスがなくなるというメリットもあります。トレードの成功に必須の「冷静さ」は、こういったちょっとした心がけで保つことができるのです。

Point

ルーチン化すれば、トレードにアツくならない

株は3年目がキモ

株にも学習曲線がある

株でまじめに稼ごうと思われているあなたなら、いわゆる学習曲線というものをご存じかもしれません。はじめて物事を習得するとき、最初のうちは低空飛行が続くけれど、それでも続ければ最後にぐいっと習熟度が上がるというものですね。

これは学習だけでなく、株の技術の習熟度や稼ぐ量にも通じる理論です。株の場合は、最初の1～2年は低空飛行どころか、資金が一時的にマイナスにな

●株の学習曲線

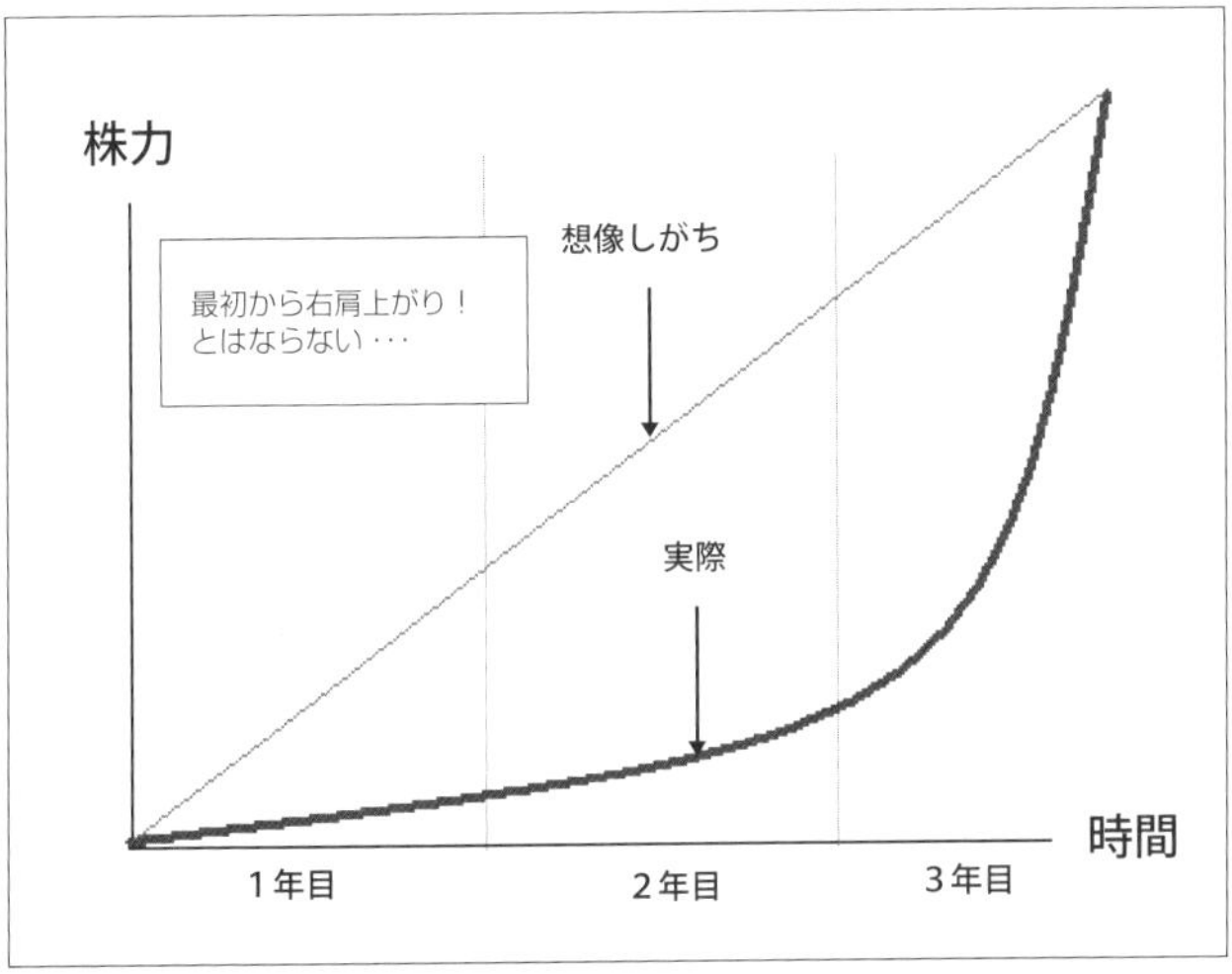

ることもあります。そこで意気消沈してやめてしまったり、技量もないのにあせって大勝負に出て大負けしてしまう人も多いです。

最初のうちは勉強しつつ、勝ち負けをくり返しながら経験を積むことが大切です。人によって差がありますが、勉強を始めてから早くて半年、だいたい一年ぐらいで稼げるようになります。しかし、なかなか成果が出ない人でも、最低3年はがんばってみてほしいですね。ほとんどの人が、3年目には自分なりの「稼げる方法」が確立されてくるはずです。

3年に1回は好相場

3年という数字には、株の世界ならではの根拠もあります。トレードの成否には、株式市場自体のよしあしもかなり影響してきます。どれだけテクニックや思考法や心がまえがしっかりしていたとしても、相場環境がよくないと思

わしい結果が出ないものです。

相場環境はいい年もわるい年もありますが、３年続けているとその中の1年半くらいはいい時期があるというのが、私の考え方です。だから3年間続けて頑張ってやれば、相場環境の悪い時期だけでなく良い時期も迎えられ、稼げる可能性が高まるのです。ここでは目安として「3年」をあげましたが、基本的に株の世界はもっと長いスパンで考えるべきものです。だからと言って身構えることはありませんが、そういう前提で長期的に物事を考え、早く結果を出そうとあせらないことが大切です。

Point
株も続けていれば能力が急上昇するときがくる

自分のトレードを説明できますか

「なぜ勝った」「なぜ負けた」を考え続ける

株で稼ぎつづけるためには「心」「技」「財」の3つの要素が必要だというお話はすでにしましたが、これと同じくらい大切な要素に「自分のしていることを自分で説明できる」というものがあります。

もちろんトレードの結果も大事ですが、本質的にはそれほど大きな問題ではありません。うまくいかなかったとしても「なぜうまくいかなかったか」を論理的に説明できればいいのです。

反対に結果が出て利益が多かったとしても、「なぜ稼げたか」を論理的に説明できなければ、それはただラッキーで儲かっただけだということになります。勝ち負けにかかわらず因果関係をしっかり認識し、「次に生かせるか」というところが大事なのです。

結果より過程を重視

株を勉強しはじめた1~3年目くらいの頃は特に、「なぜ勝った

のか」「なぜ負けたのか」を、一つひとつ丁寧に考えるようにしましょう。

これをしっかりとするためには、やはり結果を求めすぎないことです。結果に一喜一憂していると、理由なんてどうでもよくなってしまうからです。こうした過程を重視した分析が、3年目に必ず効果を発揮してくるはずです。たまたまラッキーで儲けたトレーダーほどこういった振り返りをしてきていないので、長くやっているうちにいつか必ず痛い目にあうことになります。はじめは稼ぐことができなくても、根気よく過程を分析し続けてください。そうしていれば、結果は後からついてくるようになります。

Point

「なぜ」を追求すれば「結果」はあとからついてくる

根拠のないプラス思考は事故の元

希望的観測は絶対に持たない

トレードの成功には正しいリスク管理が必須ですが、このリスク管理の目を曇らせる危険な考え方があります。それが「だろう思考」です。「上がるだろう」という根拠のないプラス思考に陥りがちな人は、注意が必要です。

自分が吟味して自信満々で買った銘柄なのですから、上がってほしいし絶対上がると思うのは自然な気持ちかもしれません。買う前まではそれでいいんです。

でも買った後は「かもしれない思考」に切り替えてください。「下がるかもしれない」いや、180度気持ちを切り替えて「絶対下がるぞ」と思っておきましょう。そして、下がったときはどうするかという対応策を冷静に考えるのです。

「最悪」を常に想定

これを肝に銘じておかないと、たとえ下がったとしても「いや、

銘柄を買ったあとは
下がったときのシナリオを
必ず考えること

下がるのはおかしい。もう少しすれば上がるだろう」「下がっているが、持ちこたえるだろう」などと、根拠のない間違った判断をしてしまいます。そういった思い込みは捨て、常に自分の外にもう一人の自分をおき、客観的になってください。そして、最悪の事態を想定して動くようにしましょう。

これが習慣になるとふだんいろいろな感情に振り回される人でも、トレードのときには切り替えられるようになります。むしろ、トレードの経験を積むことによって、日常生活でも平常心を保てるようになったという人も多いです。

Point

「かもしれない思考」はリスク管理の根本

株で稼ぐには健康管理も大切

睡眠と食事の管理はお金を生む

自分を客観的にコントロールするという点では、トレードで稼ぐには健康管理も大切です。とはいえ、大げさなものでなく、「できるだけ早く寝て、早く起き、食べすぎない」というシンプルなもので十分です。

これは、頭がすっきりしてトレードに集中できるという理由もありますが、それ以上に大切なのが「自分を自分で管理できている」ということです。時間を決めて行動する、食事の内容や量を必要に応じて制限するという自己管理能力が、広い視野でみたときにトレードを成功に導くということです。

健康管理はトレードと似ています。体重や血糖値などをこまめに記録しておけば「ちょっと糖質の多い食べ物は減らしたほうがいいな」「この数値が増えたらこうしよう」というような対策が立てやすいですし、体の不調にもいち早く気づくことができます。

トレードも同じで、勝率や損益率などをこまめに記録しておけば「勝率はいいのにグロスで負けている」「最近、損失率が大きくなっている」といったことがわかり、自身のトレードの改善に役立てることができるのです。

Point

体の管理をできる人は、お金の管理もできる人

株価大暴落でもガッチリ稼げる！

空売りとは何か？

株価が安いときに買って、それが値上がりしたら売って稼ぐ。株取引といえば、ふつうはこういう流れをイメージしますよね。しかしトレードでは、株価が下がれば下がるほど得をする裏ワザがあります。それが、信用取引の空売りです。

信用取引とは、持っている資金や株を担保にして証券会社から資金や株券を借り、それを使って株を買ったり売ったりする方法です（左図）。証券会社から

●空売りの説明図

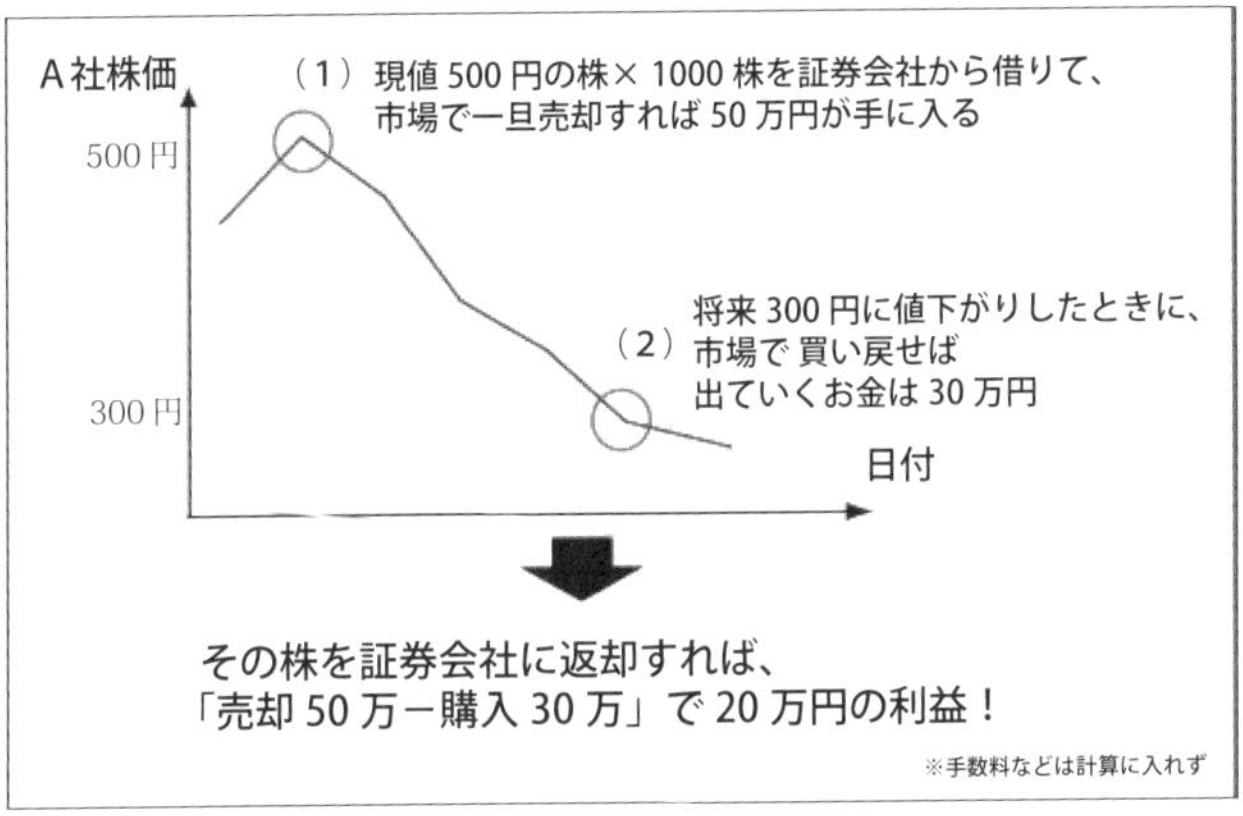

借りてきた株を売って株価が下がったときに買い戻すのが、空売りです。買い戻すときの株価が安いほど利益が大きくなりますから、この方法を使えば株価大暴落でもガッチリ稼ぐことができます。

しかし、この信用取引には落とし穴もあります。通常の取引（現物取引）では100万円しか資金を持っていなければ100万円分しか売買できませんが、信用取引を利用すれば、その約3倍の300万円分程度を売買できるのです。

このような行為を「レバレッジをかける」と言いますが、要は借金をして、身の丈《たけ》に合わないレベルの取引をしているということです。現実を直視して資金管理ができなくなるという点から初心者の方には、お勧めしません。もちろん、リスク管理ができるようになれば、レバレッジをかけても大丈夫です。

通常の買いのときと同様に空売りも、自分なりのルールを決めておくことが大切です。「こういうときにはロスカットする」「チャートがこういう形になったら空売りする」ということですね。ルールが決まったら、「トレード日誌」（44～47P）に記録しておいてください。

Point
空売りもルールを決めておくことが大切

副業だからうまくいく

逃避としての〝専業トレーダー〟はNG

「専業のトレーダーになりたいです」
「今のイヤな仕事を辞めて、株で生活したいです」

私はスクールを運営していることもあり、生徒さんからこういう相談をよく受けるのですが、たいていの場合「それはやめておきなさい」とお伝えしています。なぜなら、本業を辞めるということは、株で稼ぐために重要な要素のひとつである「心の余裕」を、みずから打ち捨てる行為だからです。

株のトレードは調子のいいときもあれば、わるいときもあります。「毎月50万円稼ぐ」と決めたからといって、その通りにいくとは限りません。

そんなとき、安定して収入が入る本業があれば、たとえトレードで目標金額に到達しなかったとしても、余裕をもっていられます。「今月はちょっとうまくいかなかったけれど、本業収入があるから生活はしていけるな。来月は

もう少しがんばろう」と思えるのです。これが専業なら、トレードの成績が生活に直結してきます。少しうまくいかなかっただけでも「今月は生活していけないかもしれない」というあせりが出てきてしまうのです。

あせると余計にうまくいかなくなるのがトレードです。負けを取り戻そうと思い、無理に大きい金額の取引をして失敗し、資金がみるみる減ってあせり、また失敗して……という悪循環になってしまうでしょう。こうした事態を防ぐためにも、まずは兼業でトレードをしてみることをお勧めしています。専業になるのは、十分に実力がついてからでも遅くはありません。

Point

初心者は兼業トレードのほうがうまくいく

個人のチャート分析はＡＩ時代にも有効

column Ⅲ

「フラッシュ・クラッシュ」

最近、マイクロ秒単位で売買を行なう「ＡＩトレード」が話題になっています。トレーダーの中には、こうした取引を「市場の公平性をゆがめている」と批判する人もいるようです。

このような声があがるのは、２０１０年5月に起きた「フラッシュ・クラッシュ」の影響もあるかもしれません。このときダウ平均株価が数分間でおよそ１０００ドル下落し、一時的に株式の時価総額にしておよそ１２０兆円以上が失われるという、株価の大暴落が起きました。

表向きはある投資ファンドが大量の誤発注を行ったことが原因とされていますが、実は市場関係者の間では、超高速取引が下落幅を拡大したという見方もあったのです。

ＡＩトレーダーもやることは同じ

ただ、だからと言って個人のチャート分析がムダになるかと言えば、私はそうは思いません。基本的なチャートの理論はＡＩであろうと人間であろうと変わりませんし、最終的な判断の結果は株価チャートにあらわれるので、それについていけばいいのです。

ＡＩは感情的に売買をしたりはしないので、理論通りの値動きになりやすく、むしろいい環境だとも言えると思います。

もちろん理論を逆手にとって仕掛けてくるＡＩも出てくるかもしれませんが、そのときは素直にロスカットをして、私たち個人トレーダーも逆の方向についていけば問題ありません。

どれほど精密な投資をするＡＩが出てこようと、私たち個人トレーダーがするのは、正しいチャートの分析だけ。それさえわかっていれば、怖がることは何もないのです。

第5章

株で稼ぐ人、損する人はどっち？

長年、株のスクールを運営していると「株で稼げるようになりたい」というたくさんの人に出会います。その中で「こういう人は成長が早いが、こういう人は壁に当たりやすい」という、法則のようなものがわかってきました。株で稼げる人と損する人。そのちがいを見て、今後の参考にしてみてください。

新聞をよく読む人

新聞をまったく読まない人

投資家とトレーダーの違い

意外と意識していない人が多いのですが、投資家とトレーダーは根本的に違う存在です。投資家は企業の成長や発展を期待し支援する目的で株を買うのに対して、トレーダーは、あくまでも値動きを利用して利ザヤを稼ぐために株をやります。

「トレーダー思考」を身につけるのに手っ取り早いのは、いわゆる個人投資家がする行動をしないでおくことです。たとえば個人投資家といえば、テレビを頻繁に見たり、新聞を毎日欠かさず読んだりして、たえず情報収集しているイメージがあるかと思います。このこと自体は政治や経済の勉強にもなっており、わるいことではないのですが、「株で稼ぐ」ということを第一に考えると、話は変わってきます。

株の世界で力を持っているプロの投資家は、その莫大な資金を使って情報を集めます。テレビや新聞にその情報が出るのは、その後のことです。有力者によって操作されている可能性すらある〝古い情報〟を見て取引をすれば、負けるのは目に見えています。

インターネット上にあふれる無料情報も、基本的には同じです。私たちのような力のない個人は、こうした情報を見れば見るほど、稼げなくなっていきます。こんな無料の情報で株が稼げるようになるのであれば、今頃みんな大金持ちになっていますね。トレードで稼げるようになりたければ、このような〝古い情報〟をできるだけシャットアウトしておくのが無難です。

Point

メディアに出た情報は〝古い情報〟

想いを強く持ち
トレードをする人

漠然とした気持ちで
トレードをする人

想いを強く持つ人は成長も早い

株にかぎらずどんなことでもそうですが、興味をもって楽しめる人のほうがやっぱり結果も出やすいと思います。ただ単なるお金稼ぎの手段として株をやるとか、今の会社を辞めたいから別の収入源として仕方なく株をしているという人よりも、トレード自体が好きだという想いが強い人のほうが、稼げるようになるのも早いものです。

トレードのどこに楽しみを感じるかは人それぞれですが、私の場合は「自分が予測したことがピタリと的中したとき」これが一番楽しいですね。今はスクールを運営してトレードを教えている立場でもありますが、生徒さんに教えたことがその通りになって、「大きく稼ぐことができた」と言ってもらうときなどが特にうれしいです。私のように自分が思ったシナリオ通りに物事が動いていくのが楽しいという人は、きっとトレードにも楽しみを見出《みいだ》せ稼げるようになると思います。

間違えてほしくないのは、トレードへの想いが強いのはいいけれど、自身のトレードに頑固なのはむしろマイナスポイントになります。自分が立てたシナリオに固執してしまって、人のアドバイスを聞く耳をもたないというのは、稼げない人の典型です。

教えられたことには素直に耳をかたむけつつ、「トレードで稼ぐ」という意思は強くもち、みずから勉強すること。これができる人は成長が早く、早い段階で稼げるようになりますし、稼げるようになってからも息が長いと思います。

Point
自分の立てたシナリオに固執してはいけない

取引時間中ヒマさえあれば
株価をウォッチする人

1日5分だけ
株価をチェックする人

1日1回の株価チェックでも問題ない

トレードをはじめると、取引時間中パソコンのモニターの前に張り付いて株価をウォッチしていなければと意気込む人が多いですが、これは間違いです。トレードで大切なのは自分なりのルールを作っておくことでしたよね。取引時間に株価の値動きを四六時中見ていると、このルールをつい忘れて「なんだか上がりそうだから買おう」「下がりそうな気がするから買うのをやめよう」などと、日中の値動きに惑わされてしまいます。

取引時間中パソコンのモニターの前に張り付いて株価をウォッチするデイトレードならいざ知らず、それより長いスパンのトレードなら、ずっと株価を見ていないと勝てないということはまったくありません。むしろずっと株価を見ていると負けてしまうことが多いでしょう。自分のルールにしたがってしっかり取引できていれば、1日1回5分だけの株価チェックでも構いません。

ただ、忙しすぎて「トレードに関する時間が全く取れない日がある」というのは考えもの。前にもお伝えした通り、トレードで勝つには自分なりの1日のルーチンを決めておくことが大切です。30分でも15分でもいいから毎日決まった時間をトレードのために費やすようにしてみてください。

いくら忙しい人でも、やる気があればそのくらいの時間は捻出できるものです。コツは「この時間帯はトレードに関することをする」と決めたら、トレードに関すること以外は一切しないこと。何か予定が入ってきても断り、携帯電話の電源もオフにしておきましょう。

Point

1日15分でもトレードに関することにあてる時間を作る

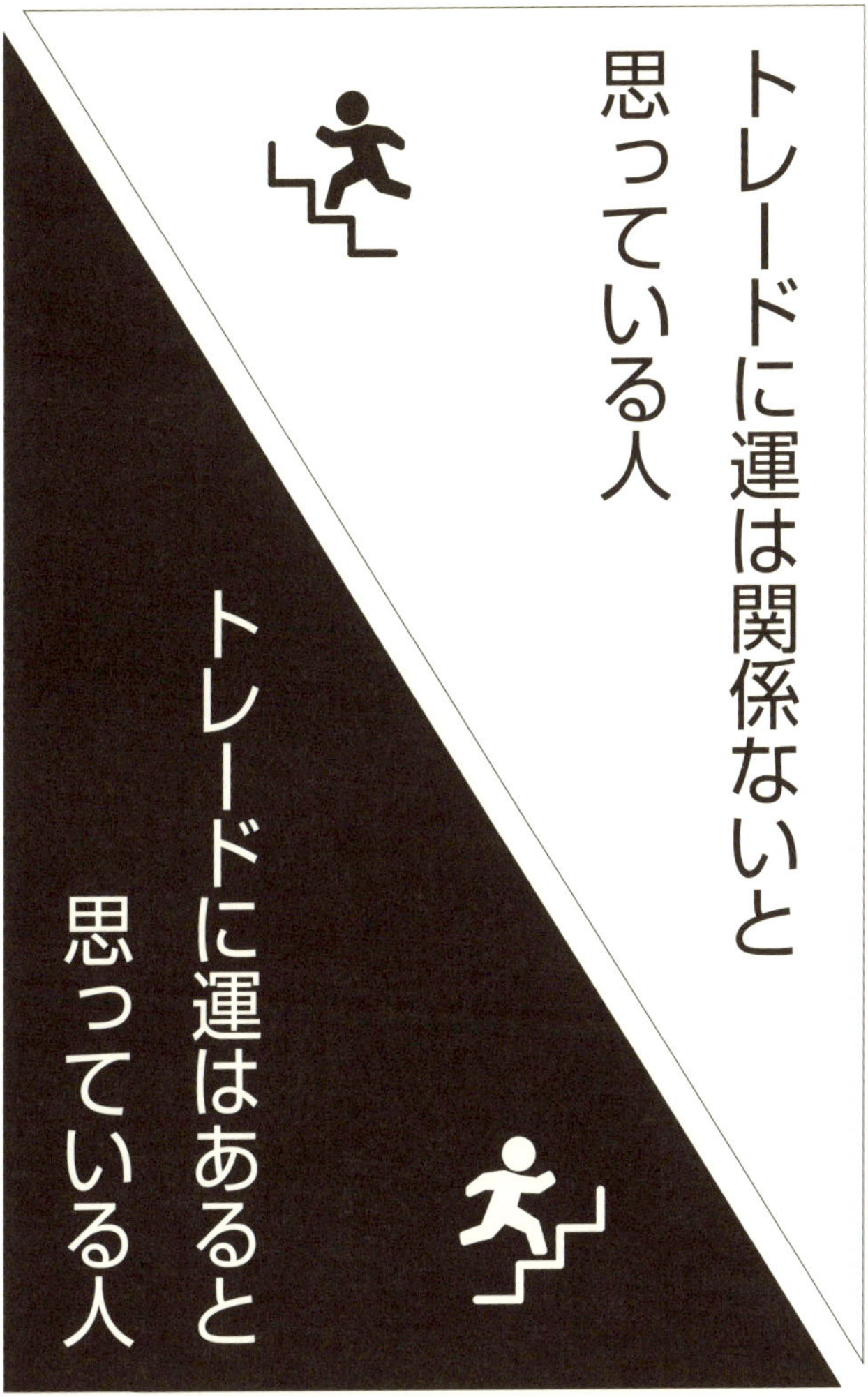
トレードに運は関係ないと
思っている人
トレードに運はあると
思っている人

どうしようもない局面は誰にでも訪れる

「トレードの腕が上がれば運は関係ない」と考えている人も多いようです。しかし残念ながら、トレードの成功には運がつきものです。どれだけルールどおりの行動をしてもダメなときはダメですし、思った以上にビックリするくらい大きく稼げることもあります。

トレードに運は関係ないと思っている人は、うまくいかないときに「運がわるかった」と思うことができません。運気が良くない局面でもトレードを休まずに「なぜうまくいかないんだ」とムキになって続け、平常心を損ない、負けを重ねてしまうのです。

トレードには実力だけではなく運の要素もあると分かっている人は、うまくいかないときは「今は風向きがわるいんだな」と冷静に考えて、トレードを休むことができます。逆にうまくいっているときも、平常心で必要以上に興奮したり取り乱したりせず、しっかり運をつかみ取ります。運というものは、誰にでも訪れるものです。ちがうのは、それを掴《つか》めるか掴めないかというところ。日ごろから自己管理をおこたらず、運がいいときもわるいときも受け入れられる心をととのえておくことが、チャンスを掴むための一番のコツだと思います。

どうしてもうまくいかないときは、「ルーチン」も無視して思い切って休みましょう。株式相場は無くなりません。今日明日稼げなかったからといってあわてる必要はありません。自分を追い詰めるほどの「真面目さ」は持たないようにしましょう。

Point

うまくいかないときは休むことも大切

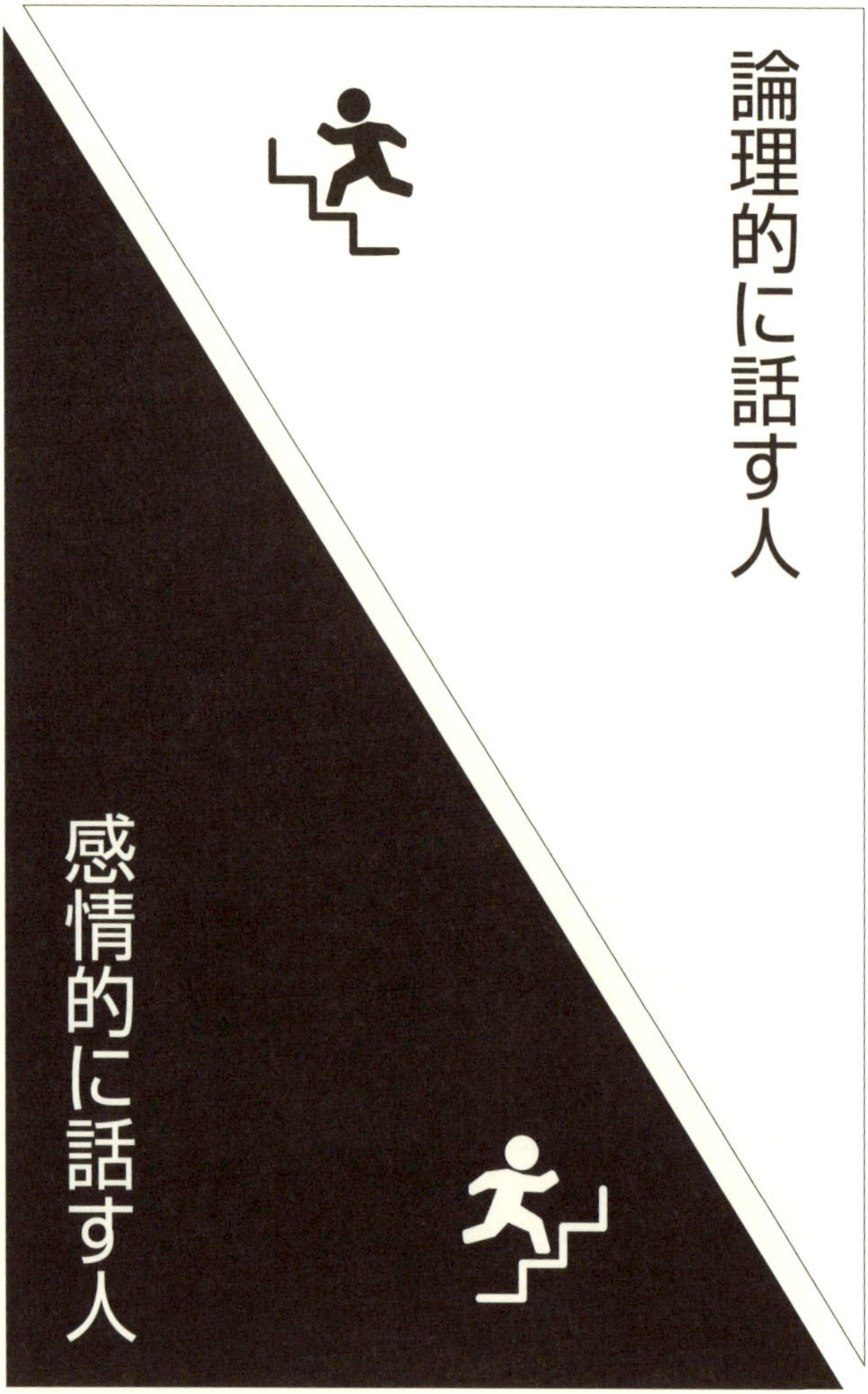
論理的に話す人
感情的に話す人

論理的な人はトレードに向いている

トレードでは、自分のしていることを自分で説明できることが非常に大切です。「こうなったからこうして、その結果こうなった」というふうに、筋道立てて論理的に話せるかどうかということです。

感情的なトレーダーは、買いパターンやゴールデン・パターンを「絶対」と思い込み、「教えられた通りに買ったのに、負けたじゃないですか！」と怒ってきたりします。

こういう人に「あなたが買った株はいつ、いくらで買ったんですか？」と聞くと、「えーと、いつ買ったかな、たしかこのへんで買ったと思いますが……」などとあいまいな答えが返ってくることがほとんどです。

また「○○円以上になったら買い」「○○円を超えたら買い」などの違いすらわかっていなかったりします。

自分が感情的だと思う人は、トレードを論理的に考えて、自分なりのルールをしっかりと身につけることが大切です。ルールづくりをできているかどうかチェックしたいときは、買ったり売ったりしたときに「なぜそうしたのか」の理由を誰かに論理的に説明してみるといいでしょう。相手に意味がちゃんと伝わればＯＫです。伝わらなかった人はトレード日誌をつけていないのではないでしょうか。書くことによって、トレードに必要な論理的思考力が段々と身についてきます。トレード日誌は必ずつけましょう。

Point

書くことは論理的であることの訓練になる

「とにかく勝ちたい」
と思っている人
「勝ちにはいろいろある」
と思っている人

「勝ちの定義」を視野に入れると「着地点」も定まる

トレードをするからには勝ちたいと思うのは当然ですが、ひと口に「勝ち」といってもいろいろな種類があります。短期的に稼ぎたいのか、長期的に稼ぎたいのかによっても「勝ち」の定義は異なりますし、どのくらいの資金でどのくらい稼ぎたいと思っているかによっても、とるべき戦略は変わってきます。まず、自分は「どんなトレードがしたいのか？」「何をしようとしているのか？」を考える必要があります。

「とにかく勝ちたい」と思っている人は、トレードの着地点が定められず、自分にとって最適な戦略が何かを見つけることができません。逆に「勝ちにはいろいろある」と思っている人は、着地点が意識できています。

着地点がわかっている人は、シナリオを立てている人なので、「短期間に大きく上がると思ったから買った」「長期的にじわじわ上がると思って買った」と自分のトレードを説明できます。一方、「とにかく勝ちたい」人ほど、シナリオ無視のトレードを繰り返し、「ただなんとなく買う」ことをくり返し、負けを重ねていきます。

このトレードの着地点についても、トレード日誌に書いておくといいでしょう。月ごとの振り返りをする定期的なチェックもお勧めです。すべてのルールやルーチン、シナリオのもとになる重要なものですので、折に触れて見返して意識するようにしてください。

Point

「勝ち」のシナリオは一つではない

いろいろな指標を参考にする人

単一の指標にこだわる人

有効な指標はすべて参考にする

これは、ここまで読んでくれた人には答えはわかっていますね。

チャート分析には、いろいろな指標があります。たとえば移動平均線ひとつをとっても、25日線、75日線などさまざまな種類があるので、多くの方から「25日線と75日線のどっちが重要なんですか」というような質問もよく受けます。でも、私は「両方重要です」といつも答えます。

これはなにも答えをもったいぶっているわけではなく、ひとつの指標だけでチャート分析をするのは危険だということです。「この線だけ見れば大丈夫」とか「この指標をチェックすればあとは見なくても良い」などと言えれば簡単そうで分かりやすく、株で損している方やこれから株を始めようとしている方には聞こえがいいのでしょう。しかし、現実はそうではありません。

移動平均線は、25日か75日かというレベルを超え、もっと長期的に週単位、月単位でも見たほうがいいですし、見るべき有効な指標は基本的にはすべて参考にすべきです。

もちろんムダな指標は見なくてもいいのですが、見るべき有効な指標を見ない人は多くいます。トレードのセミナー講師でさえも、「単一の指標だけで売買できる」と平気で言ってしまう人もいます。トレードがそんな単純なものであったら、誰もが大金持ちになっているでしょう。

Point
単一指標で稼ぐことはできない

お金が減ることに耐えられる人
お金が減ることに耐えられない人

過度の節約志向はお金を遠ざける

少しでも手元に資金を残しておきたいと思うと、毎日の生活でも節約志向になりがちです。でも、トレードで長期的に稼ぎたいと思うなら、その考え方はあぶないかもしれません。「価値のあるものには投資する」という姿勢でいないと、買うべきところで買えなかったりするからです。

トレードをしていると、ロスカットなどでお金が減るのは避けられません。でも、長期的にはロスカット以上のリターンがあると思うから、それに賭けてトレードするわけです。たしかにそのまま負けてしまって取り返せない可能性もありますが、そこでトレードしなければ永遠に稼げるようにはなりません。

投資のリターンを早い段階で求めすぎるのは、よくありません。私は経験から導き出したいろいろな〝買いサイン〟〝売りサイン〟をスクールで教えていますが、結果をいそぐ人は表面的な手法だけを欲しがります。「なぜそのサインが出たら買いなのか」という本質を理解しようとしないことが多いのです。

指標やサインの本質を理解できていると、例外があることも自然に分かりますし、「別の面から見ればこうも言える」というように、新たなサインを〝発見〟することもできます。

トレードでは、こうした多面的

なものの見方がとても重要です。ただ「株価が動き出したから買おう」というのではなく、「株価が動き出したということは、たくさんの人がこの銘柄を買っているからだ。それはなぜだろう」というふうに考えられる癖を持ったほうが、精度が高まるからです。

効率的に投資をすることは、毎日の生活、ひいては人生における物事の優先順位を考えることにもつながります。現時点でお金が減っても、長い目で見ればお金が増えている可能性があるのです。「目的を達成するために必要だと思えることには勇気をもって投資する」このことを日常生活のレベルから心がけてみてください。

Point

お金が減っても大切なことには投資する

おわりに……なんの後ろ盾もない「個人トレーダー」でも稼げる！

ここまでいろいろなチャートパターンやサインをご紹介してきましたが、いかがでしたか。

これらは私が長年株価チャートを使ってトレードをしてきた中で見つけた、過去にも現れ、現在にも現れ、将来にも現れるパターン、つまり「再現性」のあるパターンです。ただ、けっして「これだけが〝絶対〟で他のパターンはダメ」と言っているのではありません。「私はこれで稼げたし、今も稼いでいる（儲けているのではありません）ので、ぜひ試してみてはどうでしょう」というご提案なのです。

私は証券会社出身でもないですし、ディーラーでもありません。機関投資家でも仕手筋でもありません。みなさんと同じ、何の後ろ盾もない株好きのただの個人トレーダーです。株を始めた当初は大負けしてしまい、せっかく本業で貯めた1000万円の資金を2000万円にまで減らしてしまいました。お金はわずか・・・あるのはパソコン1台だけ。数千万、数億の資金があるプロの投資家には、資金面はもちろんの事、情報の質や量、その情報を分析する頭脳など、すべてにおいてかなわないと感じていました。

でも、だからこそ、株価チャートに頼らざるをえず、株価チャートだけを見続ける事ができているのだと思います。その結果、資金力がない個人でも再現できる勝ちパターンを見出せたと思っています。

世の中には1日に大量の資金を動かす、いわゆる〝超スーパートレーダー〟が存在します。彼らに憧れる人もいるでしょう。でも、その域にひと息で到達することはまずできません。彼らのように稼げるようになるためには、いくつかのステップを地道に踏んでいかなければならないのです。

株で稼ぎたい方のために、私が現在している活動は、「稼いでいる人が持っている心構えや思考法、技、資金の扱い方を伝えて、そのステップを着実に踏んでもらうためのサポート」です。本書の内容を理解してもらうことはもちろんですが、うわべだけの内容だけではなく「本質」もしっかり理解してほしいのです。その本質を自分の中に落とし込めれば、「稼げるトレーダー」のレベルまで、たどりつけるでしょう。

そこから先にある〝超スーパートレーダー〟の域にまで行くには、さらなる努力が必要です。日々、勉強と実践と検証を繰り返し、自分を律し続けることで、上のステップが見えてくるでしょう。

不思議なもので、トレードの世界には「これだけ学べば終わり」というものはなく、ステップが上がれば上がるほど新しいものが見えてきますし、終わりがありません。非常に奥が深い世界です。

本書をお読みいただいているあなたもこのレベルまで上がってくるかもしれませんし、さらには私を追い抜いていくかもしれません。多くの個人トレーダーがいる中で、あなたがそのようになることを、楽しみにしています。

冨田晃右

冨田 晃右（とみた・こうすけ）

京都府出身、1970年生まれ。株式会社日本トレード技術開発代表取締役。

経営コンサルタント、税理士になりたいと思い、同志社大学経済学部に進学するも挫折。在学中より経済の需要と供給や開発経済学を学ぶ。2002年当時、日本にはあまり存在しなかった、株の個人ネットトレーダーを志す。欧米流のトレーディング手法と日本の投資技術を導入、ミックスした結果、まったくの初心者から約３年で、安定した利益が出るトレード技術を開発した。

自ら代表を務める「株式会社日本トレード技術開発」が運営する「株式スクール冨田塾」を全国各地で開催。「少額資金しか持たない個人は、投資家として大儲けを狙うのではなく、トレーダーとして長期的継続的に稼げるようになるべき」をモットーに、正統派技術をまじめに教えている。

「個人投資家」ではなく「個人トレーダー」を育成すべく、株価チャートのみを使ってのトレーディング手法を導入。チャートパターン認識能力がズバ抜けていると定評があり、「企業業績」「経済情勢」など既存の株式投資において常識とされた情報を一切介さずに、株価チャートのみを使って売買する手法を確立。買いでは急騰銘柄、空売りでは急落銘柄を主に手掛ける。

著書に『ここが違った！ 株で稼ぐ人、損する人』（集英社）、『確実に稼げる株式投資 副業入門』（ソーテック社）。

【ＨＰ】 http://www.111476.com/

◎編集協力 大住奈保子（Tokyo Edit）

ど素人《しろうと》サラリーマンから月《つき》10万円《まんえん》を稼《かせ》ぐ！ 株《かぶ》の授業《じゅぎょう》

2017年 5月29日 初版発行
2017年 7月 7日 3刷発行

著者 冨田 晃右
発行者 常塚 嘉明
発行所 株式会社 ぱる出版

〒160-0011 東京都新宿区若葉1-9-16
03（3353）2835―代表 03（3353）2826―FAX
03（3353）3679―編集
振替 東京 00100-3-131586
印刷・製本 中央精版印刷(株)

ISBN978-4-8272-1055-2 C0033